Pflanzenkombinationen-
selbst zusammengestellt

Kathrin Leineweber

Willst Du ein Leben lang glücklich sein,
so schaffe Dir einen Garten.

- Japanische Weisheit -

Kathrin Leineweber

Pflanzenkombinationen-
selbst zusammengestellt

Pflanzenportraits
und
Schautafeln

Bibliografische Information der Deutschen Nationalbibliothek:
Die Deutsche Nationalbibliothek verzeichnet diese Publikation in der Deutschen Nationalbibliografie; detaillierte bibliografische Daten sind im Internet über http://dnb.dnb.de abrufbar.

© *2016 Kathrin Leineweber*

Herstellung und Verlag: BoD – Books on Demand, Norderstedt

ISBN: 978-3-7412-8740-4

Inhaltsverzeichnis

Einleitung	Seite	7
Schautafeln geeigneter Nachbarschaften	Seite	8-14
Pflanzenportraits	Seite	15-79
Geeignete Pflanzenkombinationen anhand von Planbeispielen	Seite	80-99
Literatur	Seite	100

Einleitung

Der vorliegende Schautafelatlas bietet eine Hilfestellung bei unterschiedlichen Fragestellungen.

Möchten Sie ein Staudenbeet zusammenstellen oder einen bestimmten Aspekt bzw. eine bestimmte Gartensituation verwirklichen? Welche Pflanzen eignen sich dazu und in welcher Kombination, d. h. welche Pflanzen vertragen sich und welche sollten besser nicht als Partner in einem Beet nebeneinander wachsen.

Manchmal gedeihen Pflanzen nicht so wie wir es uns vorstellen, obwohl sie laut Standorthinweis doch dafür geeignet sind, z. B. vollsonnig und trocken. Sie mögen vielleicht alle den gleichen Standort, aber ihr direkter Nachbar passt nicht oder behagt ihnen nicht. Oft sind einzelne Pflanzen zu konkurrenzstark und verdrängen ihren unmittelbaren Nachbarn.

In Schautafeln wird gezeigt, ob die einzelnen Pflanzenarten (Baum, Strauch, Staude, Kräuter) zueinander passen und wie sie mit entsprechenden Standortortbedingungen und Bedürfnissen zurechtkommen. Dies ist in der Signatur (+++ , ++ , + , +- , --- , -- , -) abzulesen.

Es gibt auch die Möglichkeit, die vorliegenden Pflanzen als Zeichnungen in einer eigenen Kombination selbst zusammenzustellen. Hierbei kommen auch gestalterische Elemente wie Farbe und Form, Wuchshöhe und Blütezeitpunkt zum Tragen.

Planbeispiele zeigen Möglichkeiten für unterschiedliche Gartensituationen, Standorte und Bedingungen.

Der Laie kann über Schemata oder Pflanzbeispiele zu geeigneten Ergebnissen für seine Gartensituation kommen.

Schautafeln geeigneter Nachbarschaften

- Bäume

- Kräuter und Stauden

- Sträucher

Stärke der gegenseitigen Beeinflussung	Kommentar
+ -	Neutral - nahezu keine Beeinflussung
+	Positive Beeinflussung - Nachbarschaft ist förderlich
+ +	starke Attraktion in der Nachbarschaft. Beide Partner haben starken Nutzen und fördern sich gegenseitig im Wachstum
+ + +	Die optimalste Partnerschaft - was wäre der eine ohne den anderen
-	Nachbarn behindern sich, tolerieren einander aber
- -	Sehr negative Nachbarschaft, die Behinderung des Wachstums ist sehr ausgeprägt
- - -	Schlechteste Verbindung, die man sich vorstellen kann. Kümmerwuchs bzw. äußerst suboptimales Wachstum bei beiden Partnern.

Gegenseitige nachbarschaftliche Beeinflussung bei Bäumen (Teil 1)

Pflanze	Robinia pseudoacacia	Ulmus glabra	Populus nigra	Populus alba	Carpinus betulus	Prunus avium	Prunus padus	Juglans regia	Betula pendula	Tilia cordata	Aesculus hipp.
Robinia pseudoacacia	+	--	--	--	+-	+	+	---	--	+-	+
Ulmus glabra	--	+	-	-	+-	+	++	--	--	+-	-
Populus nigra	--	+-	-	--	+-	+-	-	--	+-	+-	--
Populus alba	--	--	+-	+-	+	+-	+-	--	--	+-	--
Carpinus betulus	++	+-	--	--	+++	++	+	-	--	+	+-
Prunus avium	+-	+-	-	--	++	++	+	--	--	++	+-
Prunus padus	+	+	--	+-	++	+	+	--	-	++	+
Juglans regia	--	--	--	--	-	--	--	---	---	--	+-
Betula pendula	--	--	+-	--	--	--	-	---	+-	--	--
Tilia cordata	+-	+-	+-	+-	+	++	++	--	--	++	+-
Aesculus hipp.	+	-	--	--	+-	+-	+	+-	--	+-	++
Malus-Hybriden	--	--	--	--	++	++	++	--	+-	++	+-
Salix alba	+-	+-	+-	--	-	-	-	--	+-	--	-
Acer campestre	+	++	+-	+-	+	+	+	-	+-	+-	+
Sambucus nigra	--	+-	--	--	+-	++	++	--	+-	+-	+-
Robinia pseud.Umbr.	++	+-	--	+-	+-	+-	+-	--	-	+-	+
Juniperus communis	--	--	--	--	--	-	-	--	--	-	-
Picea abies	--	--	--	--	--	--	--	--	--	-	--
Abies nordman.	---	--	--	--	--	--	--	--	--	--	--
Cupressus sempervirens	--	--	--	--	+-	-	-	--	--	--	--
Pinus sylvestris	--	+-	--	--	+-	+-	+-	--	--	--	--
Cydonia oblonga	-	+-	-	+-	+	+-	+	+-	+-	+-	+-

Gegenseitige nachbarschaftliche Beeinflussung bei Bäumen (Teil 2)

Pflanze	Prunus	Salix alba	Acer spec.	Sambucus nigra	Robinia pseud.glob.	Juniperus communis	Picea abies	Abies alba	Cupressus spec	Pinus picea	Cydonia oblonga
Rubinia pseudoacacia	- -	+ -	+	- -	+ +	- -	- -	- - -	- -	- -	-
Ulmus minor	- -	+ -	+ +	+ -	+ -	- -	- -	- -	- -	+ -	+ -
Populus nigra	- -	+ -	+ -	- -	- -	- -	- -	- -	- -	- -	-
Populus alba	- -	- -	+ -	- -	+ -	- -	- -	- -	- -	- -	+ -
Carpinus betulus	+ +	-	+	+ -	+ -	- -	- -	- -	+ -	+ -	+
Prunus avium	+ +	-	+	+ +	+ -	-	- -	- -	-	+ -	+ -
Prunus pardus	+ +	-	+	+ +	+ -	-	- -	- -	-	+ -	+
Juglans regia	- -	- -	-	- -	- -	- -	- -	- -	- -	- -	+ -
Betula pendula	+ -	+ -	+ -	+ -		- -	- -	- -	- -	- -	+ -
Tilia cordata	+ +	- -	+ -	+ -	+ -	-	-	- -	- -	- -	+ -
Aesculus hipp.	+ -	-	+	+ -	+	-	- -	- -	- -	- -	+ -
Malus domestica	+ + +	- -	-	+	+ -	-	- -	- -	- -	- -	+
Salix alba	- -	+ -	+ -	-	+ -	-	- -	- -	- -	- -	-
Acer spec.	-	+ -	+ +	+	+	-	- -	- -	- -	+ -	+ -
Sambucus nigra	+	-	+	+	+ -	-	- -	- -	- -	- -	-
Rubinia pseud.glob.	+ -	+ -	+	+ -	+ +	- -	- -	- -	- -	- -	-
Juniperus communis	-	-	-	-	- -	+ -	+ -	+ -	+ -	+	-
Picea abies	- -	- -	- -	- -	- -	+ -	+ +	+ +	+	+	-
Abies alba	- -	- -	- -	- -	- -	+ -	+ +	+ +	+ -	+	-
Cupressus spec.	- -	- -	- -	- -	- -	+ -	+	+ -	+ +	+ +	-
Pinus picea	- -	- -	+ -	- -	- -	+	+	+	+ +	+ +	-
Cydonia oblonga	+	-	+ -	-	-	-	-	-	-	-	+ +

Gegenseitige nachbarschaftliche Beeinflussung des Wachstums bei Kräutern und Stauden (Teil 1)

Pflanze	Alchemilla vulgaris	Valeriana officinalis	Tropaeolum majus	Iris germanica	Lavandula angustifolia	Viola odorata	Symphytum officinale	Rosa gallica	Salvia officinalis	Thymus vulgaris
Alchemilla vulgaris	++	+	+	-	+	--	-	+	++	+
Valeriana officinalis	+	+-	-	-	+-	--	+	--	-	-
Tropaeolum majus	+	-	++	-	+	--	--	-	+	+
Iris germanica	-	-	-	+++	+	--	--	+	+	-
Lavandula angustifolia	+	+-	+	+	++	--	---	--	++	++
Viola odorata	--	--	--	--	--	+++	--	--	---	---
Symphytum officinale	-	+	--	--	---	--	+++	--	--	---
Rosa gallica	+	--	-	+	--	--	--	++	+	-
Salvia officinalis	++	-	+	+	++	---	--	+	+	+
Thymus vulgaris	+	-	+	-	+++	---	---	-	++	++
Rosmarinus officinalis	+	-	+	+-	++	-	+	+	++	++
Monarda-Hybriden	++	+	-	+	++	--	+-	-	++	+-
Pulmonaria officinalis	--	+	--	--	---	+	+	--	--	--
Aconitum napellus	+-	+	---	--	---	-	-	-	+-	--
Leonurus cardiaca	+	+	-	--	-	+-	+	-	-	-
Allium sativum	+	-	+-	-	+	--	--	--	+-	+
Angelica archangelica	+-	-	--	+	+-	---	--	+-	+	-
Coriandrum sativum	-	-	+-	--	+-	-	---	--	++	+-
Althaea officinalis	+	+	+	+-	++	-	+	+	+	+
Echinacea angustifolia	++	+	--	+	+	--	-	+-	++	--

Gegenseitige nachbarschaftliche Beeinflussung des Wachstums bei Kräutern und Stauden (Teil 2)

Pflanze	Rosmarinus officinalis	Monarda Hybriden	Pulmonaria officinalis	Aconitum napellus	Leonurus cardiaca	Allium sativum	Angelica archangelica	Coriandrum sativum	Althaea officinalis	Echinacea officinalis
Alchemilla vulgaris	+	++	--	--	+	+	+-	-	+	++
Valeriana officinalis	-	+	+	+	+	-	-	-	+	+
Tropaeolum majus	+	-	--	--	-	+-	--	+-	+	--
Iris germanica	+-	-	--	--	--	-	+	--	+-	+
Lavandula angustifolia	++	++	---	--	-	+	+-	+-	++	+
Viola odorata	-	--	+	-	+-	--	---	-	-	--
Symphytum officinale	+	+-	+	-	+	--	--	---	+	-
Rosa gallica	+	-	--	--	--	--	+-	--	+	+-
Salvia officinalis	++	++	--	--	-	+-	+	++	+	++
Thymus vulgaris	++	+-	--	--	-	+	-	+-	+	--
Rosmarinus officinalis	+	+	--	--	-	-	-	-	+	+-
Monarda Hybriden	+	+	---	---	-	+	-	-	+	++
Pulmonaria officinalis	--	---	++	+	-	+-	--	--	---	--
Aconitum napellus	--	---	+	+	+	--	---	--	---	---
Leonurus cardiaca	-	-	+	+	-	-	--	--	---	--
Allium sativum	-	+	+-	--	-	++	+-	+	+	+-
Angelica archangelica	--	+	--	--	--	+-	-	--	-	++
Coriandrum sativum	-	-	--	--	--	+	--	+	--	--
Althaea officinalis	+	+	---	---	---	+	-	-	+	+
Echinacea angustifolia	+-	++	--	---	--	+-	++	--	+	+

Gegenseitige nachbarschaftliche Beeinflussung bei Sträuchern (Teil 1)

Pflanze	Syringa vulgaris	Buddleja davidii	Buxus sempervirens	Rhododendron spec.	Hydrangea paniculata	Hydrangea macrophylla	Clematis viticella	Clematis-Hybriden	Weigela florida	Deutzia Arten
Syringa vulgaris	++	--	--	---	-	-	--	--	+	+
Buddleja davidii	--	++	-	--	--	--	-	-	+	+
Buxus sempervirens	--	-	+++	++	++	++	+	+	+	+
Rhododendron spec	---	--	++	+++	++	++	+	+	+	+
Hydrangea paniculata	-	--	++	++	++	++	+	+	+	+
Hydrangea macrophylla	-	--	++	++	++	++	+	+	+	+
Clematis viticella	--	-	+	+	+	+	++	+-	+	+
Clematis-Hybriden	--	-	+	+	+	+	+-	+-	+	+
Weigela florida	+	+	+	+	+	+	+	+	++	+
Deutzia Arten	+	+	+	+	+	+	+	+	+	++
Kolkwitzia amabilis	+	+	+	+	+	+	+	+	+	+
Viburnum x bodnant.	+-	+	+	+	+	+	+	+	+	+
Viburnum opulus	-	+	+	+	+	++	+	+	+	+
Corylus avellana	-	+	+	+	+	++	+	+	+	+
Viburnum Pragense	+-	+-	+	+	++	+	+	+	+	+
Prunus laurocerasus	+-	+-	+	+	++	++	+	+	+	+
Rosa Wildrose	--	+	+	+	+-	--	+-	+	+-	+
Rosa Kletterrose	---	+	+	+	+-	--	+	+	-	-
Fargesia murielae	+-	+	++	++	++	++	+	+	+	+
Forsythia x intermedia	+-	+	+	+	+	+	+	+	+	+

Gegenseitige nachbarschaftliche Beeinflussung bei Sträuchern (Teil 2)

Pflanze	Kolkwitzia amabilis	Viburnum x bodnan.	Viburnum opulus	Corylus avellana	Viburnum Pragense	Prunus laurocer.	Rosa Wildrose	Rosa Kletterrose	Fargesia murielae	Forsythia x intermedia
Syringa vulgaris	+	+ -	-	-	+ -	+ -	- -	- - -	+ -	+ -
Buddleja davidii	+	+	+	+	+ -	+ -	+	+	+	+
Buxus sempervirens	+	+	+	+	+	+	+	+	+ +	+
Rhododendron spec	+	+	+	+	+	+	+	+	+ +	+
Hydrangea paniculata	+	+	+	+	+ +	+ +	+ -	+ -	+ +	+
Hydrangea macrophylla	+	+	+ +	+ +	+ +	+ +	- -	- -	+ +	+
Clematis viticella	+	+	+	+	+	+	+ -	+	+	+
Clematis -Hybriden	+	+	+	+	+	+	+	+	+	+
Weigela florida	+	+	+	+	+	+	+ -	-	+	+
Deutzia Arten	+	+	+	+	+	+	+	-	+	+
Kolkwitzia amabilis	+ +	+	+	+	+	+	-		+ +	+
Viburnum x bodnant.	+	+ -	- -	-	-	-	- -	-	+	-
Viburnum opulus	+	- -	+ +	+	+ -	+ -	-	- -	+	+ -
Corylus avellana	+	+	-	+ +	-	-	- -	- -	+ -	+
Viburnum Pragense	+	+	+ -	+ -	+ +	+ +	-	- -	+ -	+
Prunus laurocerasus	+	-	+ -	-	+ +	+ +	-	- -	+	+
Rosa Wildrose	-	- -	-	- -	-	-	+ +	+ -	+	+
Rosa Kletterrose	-	-	- -	- -	- -	- -	+ -	+ -	+ -	+
Fargesia murielae	+ +	+	+	+ -	+ -	+	+	+ -	+ +	+
Forsythia x intermedia	+	+	-	+ -	+	+	+	+	+	+ +

Pflanzenportraits

Bäume	Seite
Abies nordmanniana, Nordmanntanne	16
Acer campestre, Feldahorn	17
Aesculus hippocastanum, Roßkastanie	18
Betula pendula, Trauerbirke	19
Carpinus betulus, Hainbuche, Weißbuche	20
Cupressus sempervirens `Stricta`, Echte Zypresse	21
Cydonia oblonga, Quitte	22
Juglans regia , Walnuss	23
Juniperus communis, Wacholder	24
Malus-Hybriden, Zierapfel	25
Picea abies, Fichte	26
Pinus sylvestris, Gewöhnliche Kiefer	27
Populus alba, Silberpappel	28
Populus nigra, Schwarzpappel	29
Prunus avium, Vogelkirsche	30
Prunus padus, Traubenkirsche	31
Robinia pseudoacacia, Scheinakazie, Robinie	32
Robinia pseudoacacia Umbraculifera, Kugelakazie	33
Salix alba, Silberweide	34
Sambucus nigra, Schwarzer Holunder	35
Tilia cordata, Winterlinde	36
Ulmus glabra, Bergulme	37

Pflanzenname: Abies nordmanniana, Nordmanntanne	
Familie: Pinaceae	
Standort: sonnig - absonnig	
Nährstoffgehalt / pH-Bereich: tiefgründige, frische - feuchte, nährstoffreiche, saure-alkalische Böden, wenig empfindlich, auch auf ärmeren Böden gut	
Blüte, Blatt, Wurzel: Blätter: später Austrieb, frischgrün, allmählich lackartig, glänzend- dunkelgrüne Nadeln, unterseits weiß gestreift, bürstenförmig angeordnet, nach vorne gerichtet, dicht stehend; Wurzel: Herz-, Tiefwurzler	
Wuchs: malerischer Großbaum, 25 - 30 m hoch, regelmäßig aufgebaut, breit kegelförmig, anfänglich langsamwüchsig	
Besonderes: hitzeempfindlich, aber wärmeliebend, frosthart	
Konkurrenzstärke: ++	
negative Wechselwirkung mit: Gehölzen auf sehr mageren, trockenen Böden	
positive Wechselwirkung mit: Gehölzen und Kleingehölzen für frische-feuchte, nährstoffreiche, saure- alkalische Böden	

Pflanzenname:	Acer campestre, Feldahorn

Familie: Aceraceae

Standort: vollsonnig bis lichter Schatten

Nährstoffgehalt / pH-Bereich: keine besonderen Ansprüche, trockene bis frische Böden, liebt kalkhaltige Substrate, meidet Staunässe, etwas salzverträglich

Blüte, Blatt, Wurzel: Blätter: sommergrün, gegenständig, 5 - 8 cm lang, 3-5lappig, stumpfledrig, dunkelgrün; Milchsaftführend, Herbstfärbung leuchtend gelb-orange, Blüten: gelbgrüne Rispen, eingeschlechtliche und zwittrige Blüten in einem Blütenstand, Mai ; Wurzel: Herzwurzler, auf gutem Boden flach angelegtes Wurzelsystem, dicht verzweigt, hoher Feinwurzelanteil

Wuchs: kleiner bis mittelgroßer Baum, auch strauchig, 3 - 15 m hoch, mäßig wüchsig

Besonderes: sehr gut schnittverträglich, für Heckenwände und Formschnitt geeignet, sehr frosthart, wärmeliebend, Hitze vertragend

Konkurrenzstärke: ++

negative Wechselwirkung mit: nahezu keinem Gehölz der gleichen Stärke, Nadelgehölze in der Nähe meidend

positive Wechselwirkung mit: fast allen Pioniergehölzen, sehr tolerant hinsichtlich Gemeinschaften, heckenbildend

Pflanzenname: Aesculus hippocastanum, Roßkastanie	
Familie: Hippocastanaceae	
Standort: sonnig - absonnig	
Nährstoffgehalt / pH-Bereich: keine besonderen Ansprüche, liebt frische bis feuchte, tiefgründige, nährstoffreiche Böden, schwach sauer - alkalisch, kalkverträglich	
Blüte, Blatt, Wurzel: Blätter: sommergrün, gegenständig, Blattstiel und Spreite je 10 - 20 cm lang, handförmig; Blüten: weiß, gelbrot gefleckt, in 20 - 30 cm langen, aufrechten Rispen; Wurzel: Herzwurzelsystem, tiefgehend und weitstreichend, mit hohem Anteil von Feinwurzeln	
Wuchs: bis 25 m hoher, meist kurzschäftiger Baum mit überhängenden Zweigen und graubrauner Schuppenborke	
Besonderes: sehr frosthart, natürlicher Standort in Nordgriechenland, die Saftmale der Blüten sind am 1. Tag gelb gefärbt; die Blüten bestäubungsfähig; am 2. Tag färben sie sich ziegelrot, am 3. und 4. Tag karminrot. Mit dem Farbwechsel ändert sich der Duft.	
Konkurrenzstärke: +++	
negative Wechselwirkung mit: anderen schnellwüchsigen, raumfordernden Gehölzen	
positive Wechselwirkung mit: Bäumen der gleichen Art, guter Allee- und Parkbaum, Bienenweide	

Pflanzenname: Betula pendula, Trauerbirke	
Familie: Betulaceae
Standort: sonnig
Nährstoffgehalt / pH-Bereich: für jeden Boden, auch sehr trockene, nährstoffarme Sandboden
Blüte, Blatt, Wurzel: Blüte: grüngelb, Kätzchen bis 5 cm lang, März / April, Blätter: sommergrün, wechselständig, dreieckig-rautenförmig, 3-7 cm lang, grob gesägt, hellgrün; Wurzel: Herzwurzelsystem mit flachstreichenden Hauptseitenwurzeln, sehr hohe Feinwurzelkonzentration in der obersten Bodenzone
Wuchs: großer Baum mit schlankem, meist durchgehendem Stamm und lockerer, hochgewölbter Krone
Besonderes: außerordentlich frosthart, Bodenfestiger
Konkurrenzstärke: +
negative Wechselwirkung mit: Gehölzen und Kleinsträuchern für nasse Standorte
positive Wechselwirkung mit: Gehölzen gleicher Art für Sandböden und Pionierpflanzen für trockene Standorte

Pflanzenname: Carpinus betulus, Hainbuche, Weißbuche
Familie: Betulaceae
Standort: sonnig - schattig
Nährstoffgehalt / pH-Bereich: toleriert die meisten Böden, mäßig trocken - feucht, tiefgründig, sauer-alkalisch, gedeiht auch auf nicht zu nährstoffarmen Sand - und Tonböden, verträgt höheren Grundwasserstand und kurze Überschwemmungen, aber keine Staunässe
Blüte, Blatt, Wurzel: Blüte: Pflanze ist einhäusig, männliche Kätzchen gelb, 4-7 cm lang, vor oder während des Austriebs, weibliche Kätzchen grün, 3 cm lang, unauffällig, , Blätter: sommergrün, wechselständig, eiförmig-länglich elliptisch, 5-10 cm lang, frisch-grün, oft bleiben die Blätter bis zum Frühjahr am Baum
Wuchs: mittelgroßer Baum mit kegelförmiger, im Alter hochgewölbter, mehr rundlicher Krone, Stamm oft drehwüchsig, in der Jugend etwas trägwüchsig
Besonderes: Herzwurzelsystem, bis 1,4 m tief
Konkurrenzstärke: ++
negative Wechselwirkung mit: tiefwurzelnden, zu dominanten, zehrenden Stauden und Kräutern, Gehölzen
positive Wechselwirkung mit: allen gleichstarken, flachwurzelnden Stauden und Gehölzen

Pflanzenname: Cupressus sempervirens `Stricta`, Echte Zypresse
Familie: Cupressaceae
Standort: sonnig, geschützt, nur für klimatisch günstige, wintermilde Lagen
Nährstoffgehalt / pH-Bereich: trockene - frische, tiefgründige, nährstoffreiche Böden, neutral - alkalisch; auch auf trockenen, steinigen, armen Rohböden
Blüte, Blatt, Wurzel: Nadeln: immergrün, schuppenförmig, etwa 1 mm lang, tief dunkelgrün bis graugrün
Wuchs: mittelhoher bis großer Baum mit schmal säulenförmiger bis schlank kegelförmiger Krone, mit straff aufrechten Ästen
Besonderes: empfindlich, nicht zuverlässig hart
Konkurrenzstärke: ++
negative Wechselwirkung mit: Gehölzen und Stauden für nasse bis sehr feuchte Standorte
positive Wechselwirkung mit: Gehölzen der gleichen Art auf tiefgründigen, nährstoffreichen Böden

Pflanzenname: Cydonia oblonga, Quitte	
Familie: Rosaceae	
Standort: sonnig - absonnig, geschützte Lagen	
Nährstoffgehalt / pH-Bereich: auf allen nährstoffreichen, nicht zu trockenen, durchlässigen Substraten	
Blüte, Blatt, Wurzel: Blätter: sommergrün, wechselständig, rundlich-eiförmig, oberseits kahl und dunkelgrün, unterseits bleibend graufilzig, 5 - 10 cm lang, Herbstfärbung gelb, Blüten: weiß- zartrosa, meist einzeln, nach den Blättern: 4 - 5 cm breit, Mai - Juni, Wurzel: Tiefwurzler	
Wuchs: breitaufrecht wachsender Großstrauch oder Kleinbaum mit meist nur kurzem Stamm, 4 - 5 m hoch	
Besonderes: frosthart, hitzeverträglich, attraktives Gehölz, Früchteverarbeitung zu Gelees, Marmeladen, betörender Duft	
Konkurrenzstärke: +	
negative Wechselwirkung mit: Gehölzen für nasse und staunasse Böden	
positive Wechselwirkung mit: gerne Einzelstand und Unterpflanzung mit Stauden für sonnig- absonnige, nährstoffreiche Böden	

Pflanzenname: Juglans regia , Walnuss	
Familie: Juglandaceae , Walnussgewächse	
Standort: sonnig - absonnig	
Nährstoffgehalt / pH-Bereich: frische - feuchte , nährstoffreiche , durchlässige Böden , schwach sauer - alkalisch	
Blüte, Blatt, Wurzel: Blätter: sommergrün , wechselständig gefiedert , 30 - 60 cm lang , eiförmig , lanzettlich Blüte: Pflanze ist einhäusig , gelbgrüne , männliche Kätzchen , aus Achselknospen am zweijährigen Trieb , weibliche Blüten an den Triebspitzen des einjährigen Holzes , grün kugelig , meist einzeln , bis 5 cm dick , Schale hart , dick und rau , Nuss grob unregelmäßig längs gefurcht , mit harter , dicker Schale , essbar.	
Wuchs: breitkroniger , 10 - 25 cm hoher Baum mit längsrissiger , graubrauner , schwarzgrauer Borke	
Besonderes: kann bis zu 600 Jahre alt werden. Das Holz der Walnuss gehört zu den wertvollsten Möbelhölzern	
Konkurrenzstärke: ++	
negative Wechselwirkung mit: allen aufstrebenden, schwachwüchsigen Stauden	
positive Wechselwirkung mit: toleriert starkwüchsige , sehr anspruchslose Stauden wie Vinca, Waldsteinia, Geranium nodosum	

Pflanzenname: Juniperus communis, Wacholder	
Familie: Cupressaceae	
Standort: sonnig, im Schatten verkahlend	
Nährstoffgehalt / pH-Bereich: nicht zu nährstoffreiche, schwere Böden, besser: trockene- feuchte, arme, saure - alkalische Böden	
Blüte, Blatt, Wurzel: Blätter: nadelförmig, zu 3 in Wirteln, 15 mm lang, grün - bläulichgrün, stechend; Blüten: zweihäusig, Wurzel: Tiefwurzler, wenig verzweigt, auf schweren Böden flach ausgebreitet und kaum verankert	
Wuchs: eindrucksvoller, straff aufstrebender Großstrauch bis Kleinbaum, 3 - 5 cm hoch, dominante Säulenform	
Besonderes: sehr frosthart, Holz geeignet für Drechslerarbeiten; typisch für Heideformationen; Begleiter: Betula-, Pinus-, Sorbusarten, Zwerg- oder Kleinsträucher: Cytisus, Genistaarten, Calluna, Erica, Crataegus, Rosa-Wildformen	
Konkurrenzstärke: +	
negative Wechselwirkung mit: Gehölzen und Stauden für nasse Böden	
positive Wechselwirkung mit: trockenheitsliebenden Kleingehölzen und Stauden für sonnigen Standort	

Pflanzenname: Malus-Hybriden, Zierapfel	
Familie: Rosaceae	
Standort: sonnig - lichter Schatten, hitzeempfindlich	
Nährstoffgehalt / pH-Bereich: mäßig trocken - feucht, schwach sauer - alkalisch, wichtig: durchlässige Substrate, sandig - lehmig, auf schweren Böden nicht frohwüchsig, salzempfindlich	
Blüte, Blatt, Wurzel: Blüten: wirken zweifarbig, da die Knospen stets dunkler als die geöffneten Blüten gefärbt sind; Blütezeit: in der Regel 10 - 14 Tage; die frühesten Sorten beginnen Anfang Mai, die spätesten Ende Mai - Anfang Juni. Blätter: meist elliptisch, geringer Zierwert, gelegentlich gelappt. Rotblühende Sorten zeigen einen tiefroten Austrieb; bei wenigen Herbstfärbung, Wurzel: Herzwurzler, empfindlich gegen Eingriffe und Einpflastern	
Wuchs: bis 6 m hoch, unterschiedliche Habitusformen und Größen, von breitwüchsigen, niedrigen Sträuchern bis hin zu schlank aufrechtwachsenden Kleinbäumen	
Besonderes: gute Frosthärte, 50jährige Bäume sind noch wüchsig und vital	
Konkurrenzstärke: +	
negative Wechselwirkung mit: anderen dominanten hohen Solitärs	
positive Wechselwirkung mit: allen gleichstarken Gartenbäumen und Gehölzen; guter Beetcharakter, verträgt starken Unterwuchs	

Pflanzenname: Picea abies, Fichte
Familie: Pinaceae
Standort: sonnig - halbschattig, min 600 mm Niederschlag
Nährstoffgehalt / pH-Bereich: liebt kühle, luftfeuchte Lagen, Böden mit guter Wasserversorgung, frische, sandig-lehmige Substrate mit einem pH zwischen 4-5, aber auch neutrale, kalkreiche Böden, Windwurfgefahr und Borkenkäferbefall auf schweren Böden
Blüte, Blatt, Wurzel: Blatt: nadelförmig, zugespitzt und etwas stechend, dunkelgrün; Blüten: einhäusig, weibliche Blüten rot, in Zapfenform, April / Mai, männliche Blüten in gelblichen Büscheln, meist alle 3 - 4 Jahre ; Wurzel: flach, empfindlich gegen Überfüllen, Bodenverdichtung und Überschwemmung
Wuchs: aufstrebender, kegelförmiger Großbaum, 25 - 40 cm hoch, in der Natur der größte Baum Europas
Besonderes: Fichten können 200 - 600 Jahre alt werden, länger andauernde Hitze- und Trockenperioden werden schlecht vertragen
Konkurrenzstärke: ++
negative Wechselwirkung mit: Gehölzen und Bäumen für trockene, flachgründige und tonige Böden
positive Wechselwirkung mit: Bäumen der gleichen Art auf frischen, anlehmigen Substraten

Pflanzenname: Pinus sylvestris, Gewöhnliche Kiefer	

Familie: Pinaceae

Standort: sonnig

Nährstoffgehalt / pH-Bereich: außerordentlich anspruchslos bezüglich Standort und Wasserversorgung; versagt auf humuslosen, offenen, weißen Sanden

Blüte, Blatt, Wurzel: Nadel: 2nadelig, blau oder blaugrün, im Winter mehr gelbgrau gefärbt, Wurzel: toleranter Tiefwurzler, auf schweren oder nassen Böden flachwurzelnd; verträgt kurzzeitige Überschwemmungen

Wuchs: malerischer Großbaum von veränderlicher Gestalt, 10 - 30 m hoch, Krone locker unregelmäßig oder schirmförmig, mittel - starkwachsend

Besonderes: Sorten: `Fastigiata`, `Glauca`, `Norske Typ`, `Watereri`; ideal für Stauden- oder Strauchunterwuchs aller Art, da nur licht beschattend und tolerant gegenüber Partnern

Konkurrenzstärke: ++

negative Wechselwirkung mit: Sträuchern und Gehölzen auf offenen weißen Sanden und Gehölzen für salzreiche oder luftverunreinigte Böden

positive Wechselwirkung mit: weite Amplitude der Toleranz bezüglich Standort; trockene - frische, feuchte Böden und deren Gehölze

Pflanzenname: Populus alba, Silberpappel
Familie: Salicaceae
Standort: sonnig - absonnig, in Auenwäldern und Auenwaldlichtungen großer Flussniederungen, vor allem in nicht regelmäßig überschwemmten Bereichen
Nährstoffgehalt / pH-Bereich: frisch-feuchte, nährstoffreiche Böden, schwach-sauer -stark alkalisch; insgesamt sehr anpassungsfähig, gedeiht auch auf trockenen Böden
Blüte, Blatt, Wurzel: dicke dunkelgraue, längsgefurchte Borke, junge Zweige weiß-graufilzig; sehr spät verkahlend, graubraun gefärbt, mit großen Korkwarzen; Laubblätter 2- 5 cm lang gestielt, Spreite oberseits dunkelgrün und glänzend, unterseits dicht weißfilzig; Blüten in Kätzchen: lange vor dem Laubaustrieb erscheinend, Kätzchen 3 - 7 cm lang, weibliche Kätzchen etwas kürzer als die männlichen, Blüte März/ April
Wuchs: breitkroniger, sommergrüner , 15 - 30 m hoher Baum
Besonderes: vergesellschaftet mit Stieleiche, Ulme und Gemeiner Esche, die Silberpappel gehört zu den markantesten Pappelarten und ist durch die filzig-weiße Behaarung der Blätter gut erkennbar, erreicht ein Alter von 400 - 500 Jahren
Konkurrenzstärke: ++
negative Wechselwirkung mit: dominanten Gehölzen für trockene Böden; im reinen Sand bildet sie Sträucher und erzeugt Gruppenbildung
positive Wechselwirkung mit: allen hitzeverträglichen Gehölzen auf nährstoffreichen, feuchten Böden

Pflanzenname: Populus nigra, Schwarzpappel	
Familie: Salicaceae	
Standort: sonnig - absonnig	
Nährstoffgehalt / pH-Bereich: allgemein anpassungsfähig, wächst auch auf trockeneren Standorten, optimaler Wuchs mit geraden Stämmen, auf feuchten, tiefgründigen, nährstoffreichen Böden mit alkalischer Reaktion, kalkliebend; sie meidet staunasse, saure Böden	
Blüte, Blatt, Wurzel: Blätter: sommergrün, wechselständig, rhombisch-eiförmig-dreieckig, lang zugespitzt, 5-10 cm lang, frischgrün; Blüte: Pflanze ist zweihäusig, männliche Kätzchen rötlich-purpurn, 5 - 8 cm lang, hängend, blühende weibliche Kätzchen, gelbgrün, - 10 cm lang, Blütezeit März / April; Wurzel: Böden werden flach, aber intensiv durchwurzelt auf trockenen Standorten, tiefgehend und weitstreichend, verträgt als einzige Pappel Überschotterung, unempfindlich gegenüber periodischen Überschwemmungen	
Wuchs: großer Baum, mit breiter lockerer Krone und geradem, aber nicht durchgehendem Stamm, Äste unregelmäßig stehend und weit ausladend, schnellwüchsig, 20-25 m hoch, im Alter meist genauso breit wie hoch	
Besonderes: schnellwüchsig, Forstwirtschaft (Zellstoffgewinnung), Garten- und Landschaftsbau, Küstenschutz, Ufer- und Böschungsbefestigung, kurze Lebensdauer, auch Straßenbaum, Alleen, gut frosthart, wärmeliebend, windresistent, stark schattende Baumart	
Konkurrenzstärke: ++	
negative Wechselwirkung mit: Gehölzen, die saure, nasse Böden lieben	
positive Wechselwirkung mit: Unterwuchs für trockene, nährstoffreiche Böden	

Pflanzenname: Prunus avium, Vogelkirsche	
Familie: Rosaceae	
Standort: sonnig - leicht halbschattig, sehr verbreitet in Mittelgebirgen, in den Alpen bis auf 1700 m, in krautreichen Laub- und Nadel-Mischwäldern, gern in Eichen-Hainbuchen-Wäldern, an Waldrändern, Bachufern, in Feldgehölzen, Hecken und Knicks	
Nährstoffgehalt / pH-Bereich: auf tiefgründigen, nährstoffreichen, feuchten und kalkreichen Lehmböden	
Blüte, Blatt, Wurzel: Blätter: sommergrün, wechselständig, eilänglich, -15 cm lang, Herbstfärbung prächtig gelborange-scharlachrot; Blüten: weiß, zu mehreren in Büscheln, Einzelblüte bis 2,5 cm breit, sehr schöner Blütenbaum	
Wuchs: mittelgroßer Baum mit eirundlicher Krone und geradem, weit in die Krone durchgehendem Stamm, 15 - 20 m hoch	
Besonderes: lichthungrige Baumart, Lehmzeiger, Gummifluss auf sauren Böden, erreicht ein Alter von 80 - 90 Jahren	
Konkurrenzstärke: +	
negative Wechselwirkung mit: raumfordernden Gehölzen, Koniferen auf sauren, anspruchsvollen Böden	
positive Wechselwirkung mit: heimischen Wildsträuchern, die kalkliebend sind, überwiegend sonniger Standort, Vogelschutzhecke bildend	

Pflanzenname: Prunus padus, Traubenkirsche
Familie: Rosaceae
Standort: sonnig - halbschattig
Nährstoffgehalt / pH-Bereich: keine besonderen Ansprüche, toleriert beinahe alle Böden; bevorzugt gleichbleibend feuchte, humose, nährstoffreiche Substrate, sauer-alkalisch, auch gut auf frischen, sandigen Standorten
Blüte, Blatt, Wurzel: Blätter: sommergrün, wechselständig, elliptisch-länglich bis breit verkehrt eiförmig, 6 - 12 cm lang, dunkelgrün, etwas runzlig Blüten: weiß, in 10-15 an langen, lockeren, halb aufrechten überhängenden Trauben, starker Duft, April/ Mai
Wuchs: mehrstämmiger Großstrauch oder kleiner Baum mit schmal eiförmiger bis rundlicher, geschlossener Krone, Zweige überhängend
Besonderes: Saftverarbeitung, bis 60 Jahre erreichend, Grundwasserzeiger, pumpende Gehölzart: legt feuchte Bodenstellen trocken
Konkurrenzstärke: +
negative Wechselwirkung mit: hoch aufragenden, waldbildenden Bäumen und Gehölzen
positive Wechselwirkung mit: freistehenden, gruppenbildenden, nicht zu hohen Gehölzen in Sonne; große Toleranzbreite im Substrat

Pflanzenname:	Robinia pseudoacacia, Scheinakazie, Robinie

Familie: Papilionaceae

Standort: in Laubmischwäldern, auf nicht mehr bewirtschafteten Flächen, Ödländereien und anderen offenen Flächen, vollsonnig

Nährstoffgehalt / pH-Bereich: mäßig nährstoffreiche, feucht-trockene, lockere Sand-, Lehm- und Felsböden

Blüte, Blatt, Wurzel: rundlich lockere Krone, Äste unregelmäßig, waagerecht ansetzend, oft drehwüchsig, im Alter malerisch schirmförmig, Blätter: sommergrün, wechselständig, unpaarig gefiedert, 20-30 cm lang. Blättchen zu 9-19, elliptisch, spät austreibend, Herbstfärbung spät, gelblich, giftig; Blüten: weiß, in 10-25 cm langen, hängenden Trauben, an jungen Trieben, stark süßlich duftend, Ende Mai / Anfang Juni; Wurzel: anfangs Pfahlwurzel, später Senkerwurzel mit sehr flach im Oberboden verlaufenden Hauptseitenwurzeln

Wuchs: mittlerer großer Baum, 20-25 m hoch, 12 - 18 m breit

Besonderes: Robinien entwickeln Wurzelbrut und Stockausschlag, reichliche Bildung von Wurzelknöllchen, die Luftstickstoff bindende Bakterien enthalten

Konkurrenzstärke: +++

negative Wechselwirkung mit: anspruchsvollen Gehölzen und Sträuchern auf nährstoffreichen Böden

positive Wechselwirkung mit: allen Pioniergehölzen auf armen, trockenen Böden in Sonnenlage

Pflanzenname: Robinia pseudoacacia `Umbraculifera`, Kugelakazie	
Familie: Papilionaceae
Standort: vollsonnig
Nährstoffgehalt / pH-Bereich: mäßig nährstoffeiche feuchte bis trockene, lockere Sand-, Lehm- und Felsböden
Blüte, Blatt, Wurzel: Blätter: sommergrün, wechselständig, unpaarig gefiedert; insgesamt zierlicher und kleiner als bei der Art, bis 15 cm lang, blüht nicht.
Wuchs: kleiner Baum mit dichter, kugelrunder, feintriebiger Krone, im Alter mehr flachrund; langsam wachsend, 5 - 6 m hoch
Besonderes: bildet kaum Ausläufer, hohes Ausschlagsvermögen; verträgt radikalen Rückschnitt; wird aber häufig zu tief zurückgeschnitten; bildet dann Kröpfe
Konkurrenzstärke: +
negative Wechselwirkung mit: allen starkzehrenden Stauden und Kleingehölzen im Unterwuchs, negativ mit Koniferen größerer Höhe
positive Wechselwirkung mit: Bäumen der gleichen Art in der Allee oder Gruppe; gern auch in Einzelstellung mit Unterpflanzung der mittelstarkzehrenden Staudengruppe

Pflanzenname: Salix alba, Silberweide	
Familie: Salicaceae	
Standort: sonnig - lichter Schatten	
Nährstoffgehalt / pH-Bereich: bevorzugt feuchte, nährstoffreiche, alkalische Böden; sehr anpassungsfähig, gedeiht auch auf mäßig trockenen Standorten noch gut, verträgt Überschwemmungen	
Blüte, Blatt, Wurzel: Blätter: sommergrün, wechselständig, lanzetllich bis 10 cm lang, oberseits grau - dunkelgraugrün, matt oder schwach glänzend, unten bläulich, beidseits silbrig behaart, Herbstfärbung unbedeutend; Blüten: gelbe Kätzchen während des Laubaustriebs: April/ Mai	
Wuchs: 10 - 20 cm hoch, eindrucksvoller mittelgroßer oder großer Baum, bald hochgewölbte oder breite Rundkrone; schnellwüchsig	
Besonderes: frosthart; etwas wärmeliebend, wegen ihres fast unbegrenzten Ausschlagvermögens wird die Silberweide oft als Kopfweide genutzt; an Weihern, Fluss- und Seeufern als idealer Bodenbefestiger	
Konkurrenzstärke: ++	
negative Wechselwirkung mit: allen trockenheitsliebenden, starkwüchsigen Gehölzen	
positive Wechselwirkung mit: allen feuchtigkeitsliebenden, nährstoffbedürftigen Gehölzen mittelstarken Wuchses	

Pflanzenname: Sambucus nigra, Schwarzer Holunder
Familie: Adoxaceae
Standort: sonnig - halbschattig
Nährstoffgehalt / pH-Bereich: insgesamt anspruchslos, der Holunder bevorzugt frische, bindige, stickstoff- und humusreiche Böden, kalkliebend, auch auf sandigen, trockenen Substraten
Blüte, Blatt, Wurzel: Blätter: sommergrün, gegenständig, unpaarig gefiedert, - 30 cm lang, stumpf, dunkelgrün, gerieben unangenehmer Geruch, später Blattfall ohne Färbung; Blüten: rahmweiß, in 10 - 20 cm breiten Schirmrispen, von Juni - Juli; Wurzel: flach ausgebreitet, dicht verzweigt
Wuchs: Großstrauch, seltener schiefstämmiger Kleinbaum, 2 - 7 cm hoch, breitrund, im Alter schirmförmig
Besonderes: frosthart, salzverträglich, verträgt Einschütten und Überschwemmungen
Konkurrenzstärke: ++
negative Wechselwirkung mit: gleichstarken, raumfordernden Gehölzen, bevorzugt Einzelstellung
positive Wechselwirkung mit: Stauden und Kleingehölzen für nährstoffreiche, stickstoffhaltige Böden

Pflanzenname: Tilia cordata, Winterlinde	
Familie: Tiliaceae	
Standort: sonnig - halbschattig	
Nährstoffgehalt / pH-Bereich: mäßig trockene - frische, nährstoffreiche, schwach saure - alkalische Böden	
Blüte, Blatt, Wurzel: Blüte: gelblichweiß, 5 - 11 blütige Trugdolden, Blüte mit dem Hochblatt verwachsen, süßlich duftend, ab Juli	
Wuchs: stattlicher Großbaum mit breit kegelförmiger, dichter Krone, später hochgewölbt rundlich, mittelstark wachsend, 18 - 25 m hoch und 10 - 15 m breit	
Besonderes: anpassungsfähig, gedeiht auch noch auf ärmeren Standorten, wenn sie nicht ausgesprochen trocken sind. Sehr frosthart !! Halbschattenbaumart, weniger Blattlausbefall, weniger Honigtau, bis über 1000 Jahre alt (beste Honiglinde)	
Konkurrenzstärke: ++	
negative Wechselwirkung mit: am liebsten keinerlei Unterbewuchs, in jungen Jahren wird Unterbewuchs in Form schattenliebender, nicht aufstrebender Stauden + Kleingehölze toleriert	
positive Wechselwirkung mit: mit Zwiebelgewächsen und sehr anspruchslosen, schattentoleranten Stauden	

Pflanzenname: Ulmus glabra, Bergulme	
Familie: Ulmaceae	
Standort: in Schluchtwäldern und kühlfeuchten Hangwäldern, in Auenwäldern, montane Stufe bis 1300 m ansteigend, sonnig - absonnig	
Nährstoffgehalt / pH-Bereich: anspruchsvoll an Nährstoff- und Wasserversorgung, frische-feuchte, lockere, tiefgründige und sehr nährstoffreiche Böden, schwach sauer- alkalisch, kalkliebend	
Blüte, Blatt, Wurzel: Blätter: sommergrün, wechselständig, breiteiförmig, stark asymmetrisch, 10 - 16 cm lang, Blätter sind allgemein sehr veränderlich, Herbstfärbung gelb; Blüten: braun-violett, in Büscheln vor dem Austrieb im März/April; Wurzel: Tiefwurzler, Pfahlwurzel in der Jugend, im Alter Herz-Pfahl-Wurzelsystem	
Wuchs: stattlicher Großbaum mit rundlicher und breit ausladender, dichter Krone, 25-35 m hoch und 20 m breit	
Besonderes: Korkleisten, Korkstreifen (das unter der Haut liegende Korkgewebe sondert an begrenzten Stellen großlumige Zellen mit Korkeinlagerungen ab), Gallenbildung, Ulmensterben durch Ceratocystis ulmi: durch Schädigungen der Gefäße kommt es zu Verstopfungen und damit zu einer Unterbrechung des Wassertransportes (erste Verfallssymptome sind gelbe Zweigpartien in der Krone; sehr schnell welken größere Kronenbereiche) verträgt kurzzeitige Überflutung!	
Konkurrenzstärke: ++	
negative Wechselwirkung mit: anderen Kleingehölzen für trockene, arme Böden	
positive Wechselwirkung mit: Gehölzen der gleichen Art in geringer Zahl / Kleingruppe	

Kräuter und Stauden	Seite
Aconitum napellus, Eisenhut	39
Alchemilla vulgaris, Frauenmantel	40
Allium sativum, Knoblauch	41
Althaea officinalis, Eibisch	42
Angelica archangelica, Engelwurz	43
Coriandrum sativum, Koriander	44
Echinacea angustifolia, Schmalblättriger Sonnenhut	45
Iris germanica, Florentiner Schwertlilie	46
Lavandula angustifolia, Lavendel	47
Leonurus cardiaca, Herzgespann	48
Monarda - Hybriden, Indianernessel	49
Pulmonaria officinalis, Lungenkraut	50
Rosa gallica, Essigrose	51
Rosmarinus officinalis, Rosmarin	52
Salvia officinalis, Salbei	53
Symphytum officinale, Beinwell	54
Thymus vulgaris, Thymian	55
Tropaeolum majus, Kapuzinerkresse	56
Valeriana officinalis, Baldrian	57
Viola odorata, Märzveilchen	58

Pflanzenname: Aconitum napellus, Eisenhut	

Familie: Ranunculaceae

Standort: schattige Auböden, an unzugänglichen Stellen, z. B. unter Bäumen und Büschen pflanzen, wo Tiere sie nicht fressen und Kinder sie nicht berühren können

Nährstoffgehalt / pH-Bereich: nährstoffreich, jedes Jahr frischen Dünger, feucht halten

Blüte, Blatt, Wurzel: winterharte Stauden mit langen ährenständigen, blau-violetten Blüten, die wie Halme aussehen, tief gelappte Blätter

Wuchs: 1,50 m hoch

Besonderes: das vor allem in der Knolle enthaltene Nervengift ist eines der giftigsten im Pflanzenreich, wird äußerlich bei nervös bedingten Schmerzen (Rheuma, Neuralgien, Ischias) und in der Homöopathie verwendet. Eisenhut lähmt das Nervensystem, wirkt fiebersenkend, beruhigend und schmerzstillend.

Konkurrenzstärke: +

negative Wechselwirkung mit: allen schwachwüchsigen Halbschattenstauden oder Stauden aus dem sonnigen Bereich.

positive Wechselwirkung mit: gleich starken Halbschatten – oder Schatten-stauden und höheren Gräsern; gut zur Vorpflanzung im Gehölzrandbereich.

Pflanzenname: Alchemilla vulgaris, Frauenmantel	

Familie: Rosaceae

Standort: vollsonnig bis halbschattig, nasse Wiesen, lichte Wälder und Gebüsch

Nährstoffgehalt / pH-Bereich: fruchtbarer Lehm

Blüte, Blatt, Wurzel: kleine grünlich-gelbe Blüten in zottigen Blütenständen über den gefalteten Blättern, in denen sich Ton- oder Regentropfen sammeln. Blüte dauert vom Frühsommer bis in den Frühherbst

Wuchs: 23 - 30 cm, maximal 45 cm hoch

Besonderes: attraktive Pflanze, kann einen Kräutergarten oder eine Rabatte buschig abschließen, lebhafte Farbkombination, wenn er zwischen Echter Katzenminze und Lavendel gepflanzt wird

Konkurrenzstärke: ++, versamt sich stark

negative Wechselwirkung mit: anderen raumfordernden Stauden, überwiegend aus dem Feuchtbereich (z. B. Symphytum officinale)

positive Wechselwirkung mit: schwächer wüchsigen Stauden des Trockenheits- und Neutralitätsbereichs (Lavandula, Rosmarinus Thymus)

Pflanzenname: Allium sativum, Knoblauch
Familie: Liliaceae
Standort: mäßig trockene Böden gemäßigter Zonen, vollsonnig
Nährstoffgehalt / pH-Bereich: fruchtbarer Lehm, spricht gut auf Nährstoff, Düngung an
Blüte, Blatt, Wurzel: Zwiebel, die aus vielen von trockenhäutigen Niederblättern umhüllten Nebenzwiebeln (Zehen) zusammengesetzt ist. Die Pflanze besitzt einen Stängel mit langen dünnen Blättern und eine essbare Dolde, an der sich Brutzwiebeln bilden können.
Wuchs: bis 1,00 m hoch
Besonderes: Knoblauch reinigt das Blut, hilft bei Akne, senkt den Blutdruck und Cholesterinspiegel und verringert die Blutgerinnung, wirkt gegen die Erreger von Cholera, Ruhr und Typhus, Staphylokokken, Salmonellen, Hefepilze
Konkurrenzstärke: ++
negative Wechselwirkung mit: allen Stauden aus dem Feuchtbereich, halbschattigen oder Schattenbereich und allen starkwüchsigen Stauden.
positive Wechselwirkung mit: allen trockenheitsliebenden, sonnigen Stauden, die nicht wuchern.

Pflanzenname: Althaea officinalis, Eibisch	
Familie: Malvaceae	
Standort: vollsonnig - halbschattig, brackiges Marschland an den Küsten in ganz Europa	
Nährstoffgehalt / pH-Bereich: feucht, hoher Salzgehalt	
Blüte, Blatt, Wurzel: herzförmige, blass rosafarbene, gelegentlich auch weiße Blüten erscheinen im Spätsommer und verleihen dem Garten ein ländliches Flair	
Wuchs: 1,20 m je nach Standort	
Besonderes: äußerst dekorative Zierde für jeden Garten, im Kräutergarten oft zu hoch, im feuchten Teil eines ländlichen Gartens kommt er neben anderen Rabattenpflanzen oder vor Büschen am besten zur Geltung	
Konkurrenzstärke: ++	
negative Wechselwirkung mit: schwachwüchsigen, kriechenden Sonnenstauden wie Thymus etc.	
positive Wechselwirkung mit: stark wüchsigen Beet - oder Strauchrosen, Clematis und sonnenliebenden gleichhohen Rabattenpflanzen	

Pflanzenname: Angelica archangelica, Engelwurz	
Familie: Apiaceae	
Standort: halbschattig, Flussufer, Wiesen	
Nährstoffgehalt / pH-Bereich: feucht, nährstoffreich	
Blüte, Blatt, Wurzel: Doldenblütler, Pfahlwurzel, fiederteilige Blätter, halbkugelige, grünlich-weiße Blüten, Pflanze stirbt nach der Blüte im 3. Jahr ab	
Wuchs: bis 2,00 m hoch	
Besonderes: Pflanze verströmt bei Berührung einen angenehmen Duft. Aufgrund ihrer Größe können in einem durchschnittlich proportionierten Kräutergarten nicht mehr als 2 - 3 Pflanzen stehen. Engelwurz hilft als Tee bei Magen-Darm-Problemen, aber auch bei Husten und Rheuma; die Wurzel regt die Lebertätigkeit an	
Konkurrenzstärke: +++	
negative Wechselwirkung mit: allen schwachwüchsigen oder mittelstarken Stauden aus dem sonnigen oder halbschattigen Bereich.	
positive Wechselwirkung mit: allen Solitärstauden aus dem sonnigen Bereich, die höher als 60 cm sind und Konkurrenzdruck ertragen.	

Pflanzenname: Coriandrum sativum, Koriander	

Familie: Apiaceae

Standort: Ödland, gute, sonnige Böden

Nährstoffgehalt / pH-Bereich: leichter, gut durchlässiger Boden, Samen muss trocken sein bis zur Ernte, wenig Nährstoffe erforderlich

Blüte, Blatt, Wurzel: einjährig, die weißen Blüten erscheinen zwischen Juni und August. Die unteren Blätter sind einfach fiederschnittig und verströmen einen starken Duft. Die oberen Blätter sind fein eingeschnitten und riechen beißender. Die gesamte Pflanze ist essbar und produziert viele Blätter.

Wuchs: 60 cm

Besonderes: es sollte kein Fenchel in der Nähe sein, in kalten Regionen pflanzt man Koriander nach dem letzten Frost aus; gemahlen werden Koriandersamen z. B. als Gewürz für Lebkuchen und Gewürzbrote verwendet.

Konkurrenzstärke: +

negative Wechselwirkung mit: stark wüchsigen Stauden aus dem sonnigen oder halbschattigen Bereich.

positive Wechselwirkung mit: Gewürzkräutern aus dem sonnigen Bereich, die nicht zu raumfordernd sind.

Pflanzenname: Echinacea angustifolia, Schmalblättriger Sonnenhut
Familie: Asteraceae
Standort: trockene lichte Wälder, Prärien
Nährstoffgehalt / pH-Bereich: mittlerer Nährstoffgehalt, Pfahlwurzel nimmt die Nährstoffe gut auf
Blüte, Blatt, Wurzel: kleine, rötlichbraune Röhrenblüten bilden einen Kegel, purpurrote Zungenblüten mit grünlichen Spitzen, schmales zugespitztes behaartes Blatt, aufrechter, rötlich-grüner Stängel
Wuchs: bis 1,50 m hoch
Besonderes: getrocknetes, pulverisiertes Rhizom fördert die Immunabwehr, die Wurzel ist das bedeutendste pflanzliche Immunstimulans und wird z. Zt. in der Aids-Forschung untersucht. Echinacea steigert die Abwehrkräfte des Körpers, ohne giftig zu sein; tötet Keime und Viren, senkt Fieber, heilt entzündetes Bindegewebe
Konkurrenzstärke: ++
negative Wechselwirkung mit: allen schwachwüchsigen bodenbedeckenden Sonnen – und Schattenstauden.
positive Wechselwirkung mit: Rosen, höheren Gräsern und gleichstarken mittelhohen Stauden im sonnigen Bereich.

Pflanzenname: Iris germanica, Florentiner Schwertlilie	
Familie: Iridaceae	
Standort: vollsonnig	
Nährstoffgehalt / pH-Bereich: anspruchslos, gut entwässert	
Blüte, Blatt, Wurzel: blasse, bärtige Verwandte der Iris, steife, schwertklingenförmige Blätter, Rhizom auf Erdniveau, Blüte: weiß, mit einem Hauch ins Blaue	
Wuchs: 60 cm hoch, in wärmeren Regionen auch höher	
Besonderes: schwaches, angenehmes Aroma, eigentliches Irisaroma (Vanille, Veilchen), wird erst nach dem Trocknen der Wurzelstöcke freigesetzt	
Konkurrenzstärke: ++	
negative Wechselwirkung mit: allen raumgreifenden, tiefwurzelnden Stauden, alles Schwächere wird überwachsen	
positive Wechselwirkung mit: gleichstarken, flachwurzelnden Stauden und und Zwiebeln, liebt es im Wechselspiel mit gleichstarken Stauden zu stehen	

Pflanzenname: Lavandula angustifolia, Lavendel	
Familie: Lavandulaceae	
Standort: vollsonnig	
Nährstoffgehalt / pH-Bereich: anspruchslos, gut entwässert	
Blüte, Blatt, Wurzel: graugrüne aromatische Blätter, duftende blaue oder malvenfarbene Blütenähren	
Wuchs: 60 - 90 cm hoch	
Besonderes: durch Schnitt buschig halten, Vermehrung durch Stecklinge (Frühjahr, Spätsommer), winterhart	
Konkurrenzstärke: ++	
negative Wechselwirkung mit: allen starkwüchsigen, dominierenden Stauden aus dem Trockenheits- und Neutralbereich, wuchernden Stauden	
positive Wechselwirkung mit: allen gleichstarken, nicht dominanten Stauden wie Rosmarinus, Thymus)	

Pflanzenname: Leonurus cardiaca, Herzgespann	
Familie: Lamiaceae	
Standort: Böschungen, Wälder, gemäßigte, nördliche Breiten, Hecken, Zäune, Wege, Ruinen, Schuttplätze, Klostergärten	
Nährstoffgehalt / pH-Bereich: mäßig, neutral	
Blüte, Blatt, Wurzel: aufrechter Stängel mit kreuzgegenständigen, etwas stechend riechenden Blättern, die der Quaste eines Löwenschwanzes ähneln, die behaarten blassrosa oder weißen Blüten stehen in blattachselständigen Wirteln	
Wuchs: bis 1,50 m hoch	
Besonderes: enthält das Alkaloid Stachydrin. Nicht während einer Schwangerschaft einnehmen! Der Extrakt der ganzen Pflanze wirkt beruhigend, krampflösend, senkt Blutdruck und Puls, ein Vorbeugungsmittel gegen Herzinfarkt, da es die Blutfettwerte senkt.	
Konkurrenzstärke: +	
negative Wechselwirkung mit: allen schwachwüchsigen oder flächendeckenden Bodendeckern aus dem sonnigen oder Halbschattenbereich.	
positive Wechselwirkung mit: allen gleich starken mittelhohen oder mittelstarken Gräsern; gut zu Solitärstauden aus dem Halbschattenbereich.	

Pflanzenname: Monarda - Hybriden, Indianernessel	

Familie: Lamiaceae

Standort: vollsonnig, halbschattig

Nährstoffgehalt / pH-Bereich: nährstoffreich, feucht

Blüte, Blatt, Wurzel: dekorative Blüten, aromatisch duftende Blätter, röhrenförmige meist dunkelrote Blüten, sitzen wie Kronen auf den hohen Stängeln; ovale, gezähnte, zugespitzte Blätter

Wuchs: 1,00 - 1,20 m, horstig, aufrecht

Besonderes: Bienenweide, nektarhaltige Blüten, angenehm würziger Tee, auch als Gewürz, Vermehrung: Teilung, Samen, die Monarda wird leicht von Mehltau befallen

Konkurrenzstärke: ++

negative Wechselwirkung mit: halbschattigen oder schattigen Stauden, die sehr raumfordernd sind.

positive Wechselwirkung mit: „Prärie - Stauden", die ca. gleich hoch sind und positiv mit mittelstarken Gräsern wie Stipa pennata oder Molinia caerulea.

Pflanzenname: Pulmonaria officinalis, Lungenkraut	
Familie: Boraginaceae	
Standort: schattig - oder halbschattig, Bodendecker	
Nährstoffgehalt / pH-Bereich: feucht	
Blüte, Blatt, Wurzel: Blüten gehen von einer rosaroten Färbung in eine blauviolette über, vielfarbiger Effekt, auch weiße Sorten, Blüte bis ins späte Frühjahr, viele Monate sind die silberweiß gefleckten Blätter eine Zierde	
Wuchs: ca 15 cm hoch, flächig durch Ausläuferbildung	
Besonderes: das Lungenkraut enthält Schleimstoffe, Gerbstoffe, Saponine, Kieselsäure (Atmungssystem, Husten und Heiserkeit, bei Durchfall), dekorativ steht sie auch in großen Büscheln vorne in Kräuter - oder gemischten Rabatten während einer Trockenperiode gut wässern	
Konkurrenzstärke: ++	
negative Wechselwirkung mit: sonnigen starkwüchsigen, höheren Stauden.	
positive Wechselwirkung mit: gleichstarken Bodendeckern aus dem Halbschattenbereich (Hedera, Helleborus, Epimedium)	

Pflanzenname: Rosa gallica, Essigrose	
Familie: Rosaceae	
Standort: vollsonnig, offen	
Nährstoffgehalt / pH-Bereich: nährstoffreich, lehmig	
Blüte, Blatt, Wurzel: Blüten stehen meist einzeln, selten zu zweien oder dreien, rosa-purpurrote Kronenblätter, die um einen Kelchbecher mit goldenen Staubbeuteln angeordnet sind, aus dem sich im Herbst die Hagebutten entwickeln	
Wuchs: 1- 1,20 m hoher Halbstrauch, mit weithin treibenden Ausläufern	
Besonderes: Duftölgewinnung	
Konkurrenzstärke: +++	
negative Wechselwirkung mit: schwachwüchsigen, schattenverträglichen Stauden	
positive Wechselwirkung mit: gern im Gruppenverband der eigenen Art; gut mit gleich starken Wildsträuchern, Vogelschutzgehölze. Gut mit sonnigen Stauden der Konkurrenzsstärke ++ bis +++.	

Pflanzenname: Rosmarinus officinalis, Rosmarin	
Familie: Lamiaceae	
Standort: vollsonnig - halbschattig	
Nährstoffgehalt / pH-Bereich: leichter Boden, gut entwässert	
Blüte, Blatt, Wurzel: immergrün, kleine hell-dunkelblaue oder je nach Sorte sogar weiße Blüten, traubenartig im Knäuel, dicht an den verholzten Stängeln, Hauptblütezeit Frühjahr	
Wuchs: winterharter Strauch	
Besonderes: wichtiges Gewürzkraut, bei Berührung verströmen die Blüten den charakteristischen harzigen Duft, Vermehrung: Stecklinge im Sommer, Sorten: Sissinghurst Blue, in strengen Wintern sollte der Rosmarin geschützt werden	
Konkurrenzstärke: +	
negative Wechselwirkung mit: allen höheren bis sehr hohen starkwüchsigen Stauden.	
positive Wechselwirkung mit: allen gleich hohen oder niedrigeren Stauden aus dem sonnigen Bereich.	

Pflanzenname: Salvia officinalis, Salbei	
Familie: Lamiaceae
Standort: vollsonnig, gut entwässert
Nährstoffgehalt / pH-Bereich: anspruchslos
Blüte, Blatt, Wurzel: prächtige Ähren, Ende des Frühjahrs mit weißen, rosa oder bläulichen Blüten
Wuchs: winterharter Halbstrauch, 60 cm
Besonderes: dekorative Kräuter, Verwendung: Küche, Kosmetik, Haushalt, Sorten: S. Icterina (gelb-grün), S. aurea (goldblättrig), S. Kew Gold, S. Purpurascens, S. Tricolor
Konkurrenzstärke: ++
negative Wechselwirkung mit: sehr konkurrenzstarken, raumfordernden Stauden aus dem sonnigen Bereich.
positive Wechselwirkung mit: gleich starken oder schwächeren sonnenliebenden Stauden, positiv neben Rosen, Lavendel und Calendula.

Pflanzenname: Symphytum officinale, Beinwell	
Familie: Boraginaceae	
Standort: vollsonnig bis halbschattig, wild in feuchten Gebieten an Flussufern wachsende Pflanze, bringt auf einem feuchten, nährstoffreichen Boden hohen Wuchs und eine gute Ernte an saftigen Blättern	
Nährstoffgehalt / pH-Bereich: nährstoffreich, feucht	
Blüte, Blatt, Wurzel: dekorativ (Staudenrabatte), traubenartige Blütenstände voller rosavioletter glockenförmiger Blüten, Frühsommer	
Wuchs: Ausläufer, sehr dichte Blatteppiche, konkurrenzstarker Bodendecker	
Besonderes: Heilpflanze, Vermehrung durch Wurzelteilung	
Konkurrenzstärke: +++	
negative Wechselwirkung mit: schwachwüchsigen Halbschatten- und Schattenpflanzen.	
positive Wechselwirkung mit: gleich starken konkurrenzstarken Partnern aus dem Halbschattenbereich; besser Einzelstellung in Kombination mit Stauden; auch am Hang.	

Pflanzenname: Thymus vulgaris, Thymian	
Familie: Lamiaceae	
Standort: vollsonnig	
Nährstoffgehalt / pH-Bereich: anspruchslos	
Blüte, Blatt, Wurzel: immergrün i. d. Regel	
Wuchs: niederliegend und kissenförmig	
Besonderes: einmal heimisch geworden, benötigen sie nur wenig Pflege, wuchern jedoch nach einigen Jahren aus; Vermehrung : Stecklinge, Absenker, in harten Jahren können sie absterben, Duftpfade, Heil- und Gewürzpflanze, charakteristisch steht der Thymian zwischen Steinplatten, als Einfassungspflanze, als Bodendecker oder in Pflanzgefäßen	
Konkurrenzstärke: +	
negative Wechselwirkung mit: starkwüchsigen, wuchernden sonnenliebenden Stauden	
positive Wechselwirkung mit: allen Thymus- Arten in Kies und Fugen, Sedum reflexum, Sedum floriferum, Mauerstauden	

Pflanzenname: Tropaeolum majus, Kapuzinerkresse	
Familie: Tropaeolaceae	
Standort: vollsonnig	
Nährstoffgehalt / pH-Bereich: anspruchslos, mager, kommt gut ohne Nährstoffe aus, eher trocken, bei Nässe keine Blüten, Nährstoffe sind nicht förderlich	
Blüte, Blatt, Wurzel: farbenfrohe Blüte, bringen grüne Gärten zum Leuchten	
Wuchs: kletternd und wuchernd, kompakt	
Besonderes: einjährig	
Konkurrenzstärke: ++ bei kletternden Varietäten + kompakte Varietäten sind weniger aggressiv, verdrängend	
negative Wechselwirkung mit: ich liebe es nicht, wenn man mir auf die Füße tritt, ich überwachse alles, was nicht über mich hinausragt	
positive Wechselwirkung mit: Kräutern / Stauden, die höher hinausragen und sonnigen, trockenen bis leicht feuchten Standort tolerieren	

Pflanzenname: Valeriana officinalis, Baldrian	
Familie: Valerianaceae	
Standort: vollsonnig - halbschattig	
Nährstoffgehalt / pH-Bereich: feucht, aber gut entwässert	
Blüte, Blatt, Wurzel: ausdrucksvolle, gefiederte blaugrüne Blätter; doldenartige, hochgewachsene, weiße oder rosa Blütenstände, vanilleartiger Duft, Wurzel ist ein Rhizom	
Wuchs: 1,20 - 1,50 m hohe Stengel; attraktiv vor dunklem Hintergrund einer Hecke	
Besonderes: eines der besten Beruhigungsmittel, Geruch zieht Katzen und Ratten an	
Konkurrenzstärke: +	
negative Wechselwirkung mit: starkwüchsigen, sonnig-halbschattigen Stauden und wurzel-/rhizomvermehrbaren Stauden	
positive Wechselwirkung mit: liebt Einzelstand in Sonne- und Halbschatten, bei genügender Feuchtigkeit toleriert sie gleichstarke Stauden wie z. B. Salvia officinalis	

Pflanzenname: Viola odorata, Märzveilchen	
Familie: Violaceae
Standort: halbschattig, grasbewachsene Ufer und lichtes Gehölz, feuchtschattige Hecken, wachsen auch sonnig, gedeihen aber am feuchten nährstoffreichen Halbschatten am besten
Nährstoffgehalt / pH-Bereich: nährstoffreich, feucht
Blüte, Blatt, Wurzel: Blüten mit Sporn am Ende (12 mm), Blüten erscheinen zu Beginn bis Mitte des Frühjahrs (einige Blüten auch in milden Wintern), blauviolett, Blauschattierungen, weiß, Duft, anmutige Schönheit
Wuchs: 15 cm hoch
Besonderes: säen sich gut selbst aus, Vermehrung auch durch Wurzelteilung
Konkurrenzstärke: ++, gemeinsam sind wir stark (in Nestern pflanzen, so fühlen sie sich wohler)
negative Wechselwirkung mit: allen starkwüchsigen Stauden des Feuchtbereichs wie z. B. Symphytum, Polygonum, Vinca)
positive Wechselwirkung mit: Zwiebelgewächsen, horstigen Gräsern (wie Melica ciliata), schwachwüchsigen Farnen

Sträucher	Seite
Buddleja davidii - Hybriden, Schmetterlingsflieder	60
Buxus sempervirens, Gewöhnlicher Buchsbaum	61
Clematis viticella, Italienische Waldrebe	62
Clematis-Hybriden	63
Corylus avellana, Haselnuss	64
Deutzia- Arten , Maiblumenstrauch	65
Fargesia murielae, Bambus	66
Forsythia x intermedia, Forsythie	67
Hydrangea macrophylla, Garten-Hortensie	68
Hydrangea paniculata, Rispenhortensie	69
Kolkwitzia amabilis, Kolkwitzie	70
Prunus laurocerasus ,Immergrüne Lorbeerkirsche	71
Rhododendron spec. , Alpenrose	72
Rosa, Kletterrose	73
Rosa, Wildrosen	74
Syringa vulgaris , Gewöhnlicher Flieder	75
Viburnum bodnantense, Schneeball	76
Viburnum opulus, Gewöhnlicher Schneeball	77
Viburnum Pragense, Prager Schneeball	78
Weigela florida, Weigelie	79

Pflanzenname: Buddleja davidii - Hybriden, Schmetterlingsflieder	
Familie: Buddlejaceae	
Standort: sonnig, warm, geschützt	
Nährstoffgehalt / pH-Bereich: normale Gartenböden, schwach sauer bis alkalisch, trockene, warme und vor allem durchlässige Standorte	
Blüte, Blatt, Wurzel: Blätter: sommergrün, gegenständig, eilanzettlich, 10 - 20 cm lang, dunkelgrün, unten fein graufilzig ; Blüten: in langen, bogig übergeneigten, endständigen Rispen; herber Duft, Juli bis Herbst; Wurzel: fleischig, oberflächennah ausgebreitet	
Wuchs: 3 - 4 m hoch und breit, Strauch mit trichterförmig aufrechten Hauptästen und ausgebreiteten, leicht überhängenden Seitenzweigen	
Besonderes: sehr trockenresistent, sehr hitzefest, Blüten erscheinen am einjährigen Holz, jährlicher Rückschnitt fördert Blütengröße und Blütenreichtum	
Konkurrenzstärke: ++	
negative Wechselwirkung mit: zu starkwüchsigen Gehölzen für feuchte Standorte	
positive Wechselwirkung mit: Stauden für sonnige und trockene Böden und Kleingehölze als Begleitung; gern auch als Buddleijen-Gruppe	

Pflanzenname: Buxus sempervirens, Gewöhnlicher Buchsbaum	
Familie: Buxaceae	
Standort: sonnig bis schattig; je schattiger der Standort, desto lockerer der Wuchs, wärmeliebend und hitzeverträglich, frosthart	
Nährstoffgehalt / pH-Bereich: durchlässige, frische bis mäßig trockene Böden; auf schweren Böden (Ton) trägwüchsig und frostgefährdet, neutral - alkalisch, salzempfindlich	
Blüte, Blatt, Wurzel: Blätter: immergrün, ledrig, eiförmig; dunkel-schwarzgrün, glänzend; im Winter unter Sonneneinfluss bronzefarben; Blüten: klein, gelbgrün, strenger Geruch; April- Mai; Wurzel: intensiver Herzwurzler	
Wuchs: dichtbuschiger Strauch, 3- 4 m hoch, langsam wüchsig, Jahrestrieb 10 - 15 cm	
Besonderes: verträgt Schnitt sehr gut; ab Juni - August	
Konkurrenzstärke: +	
negative Wechselwirkung mit: Gehölzen für nasse Böden in voller Sonne	
positive Wechselwirkung mit: fast allen Gehölzen und Stauden; gerne in Gruppen, sowohl für Sonne als auch Schatten	

Pflanzenname: Clematis viticella, Italienische Waldrebe	
Familie: Ranunculaceae	
Standort: Sonne bis Halbschatten, wärmeliebend, frosthart	
Nährstoffgehalt / pH-Bereich: frisch bis feucht, neutral - stark alkalisch, sandig - humose bis lehmige , nährstoffreiche Substrate	
Blüte, Blatt, Wurzel: Blüte: blauviolett bis purpurrosa, 20 cm lang gestielt, nickend, einzeln, glockig-flach, ausgebreitet, vier Sepalen, Juni- September, reichblühend; Blatt: früher Austrieb, meist doppelt gefiedert, Blättchen oval, mittelgrün; Wurzel: fleischig, feintriebig, wenig verzweigt	
Wuchs: Blattstielranker, Kletterpflanze, 2-4 m hoch, 2-3 m breit	
Besonderes: sehr gesund, wird nicht von der Clematiswelke befallen, auch schleppenartig überhängend	
Konkurrenzstärke: ++	
negative Wechselwirkung mit: allen trockenheitsliebenden, starkwüchsigen Kletterern und Gehölzen	
positive Wechselwirkungen mit: wärmeliebenden Stauden und Kleingehölzen für feuchte , frische Böden; auch zu Rosen auf nährstoffreichen Böden	

Pflanzenname: Clematis-Hybriden	
Familie: Ranunculaceae	
Standort: Sonne bis Halbschatten, Wurzelfuß kühl und feucht, Bepflanzung empfehlenswert	
Nährstoffgehalt / pH-Bereich: durchlässige, frische-feuchte, humose, nahrhafte Gartenböden, die nicht unter pH 5,5 - 6 liegen sollten; Drainage bei nassen Böden!	
Blüte, Blatt, Wurzel: Blüte: keine Kronblätter; die blütenblattähnlichen Gebilde sind in Wirklichkeit umgewandelte Kelchblätter, großblumig mit sechs - acht Sepalen, meist Sommerblüher; Blatt: meist gefiedert, dunkelgrün; Wurzel: fleischig, gegen Verletzungen und Hitze empfindlich	
Wuchs: Kletterstrauch, 2- 4 m hoch	
Besonderes: auch schleppenartig überhängend	
Konkurrenzstärke: +	
negative Wechselwirkung mit: konkurrenzstarken Gehölzen und Unterwuchs für trockene Böden	
positive Wechselwirkung mit: bodenbedeckenden Stauden auf feuchten, nährstoffreichen Böden; Solitärpflanze als Blickfang	

Pflanzenname: Corylus avellana, Haselnuss	

Familie: Betulaceae

Standort: sonnig - halbschattig, wärmeliebend

Nährstoffgehalt / pH-Bereich: auf allen schwach sauren bis kalkhaltigen Substraten, trocken - feucht, salzempfindlich

Blüte, Blatt, Wurzel: Blüte: hübsche, gelbe männliche Blütenkätzchen vor dem Laubaustrieb, März bis April, weibliche Blüten knospenförmig, unscheinbar, Blatt: groß, herzförmig, anfangs samtig behaart, mittelgrün; Herbstfärbung ab Oktober kräftiggelb, auch gelborange; Wurzel: flach und intensiv, weitstreichend

Wuchs: vielstämmiger, breit aufrecht wachsender Großstrauch, 4- 6 m hoch und breit, im Alter schirmförmig

Besonderes: verträgt radikalen Rückschnitt sehr gut, Sorten: Aurea, Goldhasel, Contorta, Korkenzieher-Haselnuss, Rotblättrige Zellernuss

Konkurrenzstärke: ++

negative Wechselwirkung mit: Gehölzen für sehr saure, nasse Böden

positive Wechselwirkung mit: konkurrenzstarken Gehölzen für trockene- feuchte, fruchtbare Böden, gut für Zwiebelunterpflanzung

Pflanzenname: Deutzia- Arten , Maiblumenstrauch
Familie: Hydrangeacae
Standort: Sonne bis lichter Schatten
Nährstoffgehalt / pH-Bereich: keine besonderen Ansprüche, bevorzugt den gleichmäßig feuchten, nahrhaften Standort, anpassungsfähig
Blüte, Blatt, Wurzel: Blüte: rahmweiß, bis 2,5 cm breit, in 10 cm langen Rispen, Juni; Blatt: sommergrün, gegenständig, lanzettlich, 3- 6 cm lang, graugrün, Herbstfärbung gelb; Wurzel: oberflächennah ausgebreitet, hoher Anteil an Feinwurzeln
Wuchs: kleine bis mittelhohe Sträucher, straff aufrecht, je nach Sorte unterschiedlich hoch und breit
Besonderes: frosthart; problemlose, willig und erstaunlich reichblühende Ziergehölze; blühen später als die üblichen Frühlingsblüher
Konkurrenzstärke: ++
negative Wechselwirkung mit: wenigen Gehölzen; nur sehr starkwüchsigen hohen Bäumen (Wurzeldruck)
positive Wechselwirkung mit: Gehölzen und Stauden mittelstarken Wuchses für sonnige bis absonnige Standorte; am liebsten feuchter, nahrhafter Boden

Pflanzenname: Fargesia murielae, Bambus	
Familie: Poaceae	
Standort: sonnig bis halbschattig, wärmeverträglich	
Nährstoffgehalt / pH-Bereich: frisch bis feucht, in allen nährstoffreichen Gartenböden	
Blüte, Blatt, Wurzel: Blatt: immergrün, lanzettlich, zu mehreren pro Halmknoten, feine sattgrüne kleine Blätter, bei Kälte oder Trockenheit zusammengerollt, früher Austrieb	
Wuchs: dichte Horste, 2,5 - 4 m hoch und breit, straff aufrechter Wuchs mit überhängenden Spitzen sehr dicht, keine Ausläufer bildend	
Besonderes: meist frosthart bis - 18 C bis - 24 C	
Konkurrenzstärke: +	
negative Wechselwirkung mit: starkwachsenden Gehölzen und Gräsern für sehr sonnige Standorte und Gehölzen auf staunassen Böden	
positive Wechselwirkung mit: gleichstarken Gräsern und Gehölzen sowie Bodendeckern für gemäßigte Standorte in Schatten und Halbschatten	

Pflanzenname: Forsythia x intermedia, Forsythie	

Familie: Oleaceae

Standort: sonnig, in schattigen Lagen spärlicher Blütenansatz

Nährstoffgehalt / pH-Bereich: mäßig trocken bis feucht, stärkere Trockenheit meidend, alle Gartenböden

Blüte, Blatt, Wurzel: Blüte: in weit geöffneten Glöckchen, vor dem Laubaustrieb, hellgelb, überreich und langanhaltend blühend im April; Blatt: eiförmig bis eilanzettlich, Austrieb nach der Blüte Anfang Mai; mattgrün, lange am Strauch haftend, Blattfall Ende Oktober oder November, Herbstfärbung purpurfarben, bronzerot oder gelblichgrün

Wuchs: breit ausladender Normalstrauch, 2 - 4 m hoch und breit, zunächst straff aufrecht, allmählich bogig übergeneigt, schnellwüchsig

Besonderes: frosthart, zur Förderung des Blütenreichtums die ältesten Zweige nach der Blüte bis zum Boden abschneiden; verträgt auch Totalrückschnitt; möglich auch an Südwänden als Spalier geschnitten

Konkurrenzstärke: ++

negative Wechselwirkung mit: Gehölzen und Stauden für trockene Standorte

positive Wechselwirkung mit: Gehölzen und Zwiebeln in Einzelstellung auf nahrhaften, frischen Böden

Pflanzenname: Hydrangea macrophylla, Garten-Hortensie	

Familie: Hydrangeaceae

Standort: sonnig - halbschattig (Schatten), windgeschützt, mäßig frosthart, Ballen sollte nicht austrocknen, keine Staunässe

Nährstoffgehalt / pH-Bereich: frische - feuchte, tiefgründige humose, leicht saure, nährstoffreiche Substrate; leicht alkalischer Boden wird toleriert

Blüte, Blatt, Wurzel: Blätter: sommergrün, fleischig, eiförmig, mittelgrün, keine Herbstfärbung; Blüten: ballförmige oder tellerförmige große Blüten, je nach Sorte und pH-Wert des Bodens blau, weiß, rosa; Juli - August/September Mitte Juni - Mitte Juli fördert Knospenbildung

Wuchs: breitaufrechter, halbrunder Blütenstrauch, 1.5 - 2,0 m hoch und breit, langsam wachsend

Besonderes: Sorten werden z. Teil Hydrangea macrophylla, z. Teil Hydrangea serrata zugeordnet. Wichtig für die blaue Blüte von blaublühenden Hortensien-Sorten ist der pH-Wert des Bodens und das Vorkommen von freien Aluminium-Ionen. Blaue Hortensien benötigen einen pH-Wert von 4,0 - 4,5; weiße und rote Hortensien behalten ihre Farbe gleich welchen pH-Wert der Boden hat

Konkurrenzstärke: +

negative Wechselwirkung mit: Gehölzen und Stauden für sonnige, trockene, kalkige Standorte

positive Wechselwirkung mit: allen Stauden und Gehölzen im halbschattigen Bereich feuchter, saurer Standorte; gute Gruppenpflanzung

Pflanzenname: Hydrangea paniculata, Rispenhortensie	
Familie: Hydrangeaceae
Standort: sonnig bis lichtschattig
Nährstoffgehalt / pH-Bereich: saure bis neutrale, humusreiche Böden, frisch - feucht
Blüte, Blatt, Wurzel: Blüte: 20 - 30 cm große, je nach Sorte und pH-Wert des Bodens prunkvolle, weiße Rispen, Juli - September; Blatt: raue, eiförmige, mattgrüne, große Blätter, herbstfärbend
Wuchs: 2-3 m hoch und breit, anfangs steif aufrecht, später breiter
Besonderes: starker jährlicher Rückschnitt um 2/3 für guten Blütenansatz
Konkurrenzstärke: +
negative Wechselwirkung mit: Gehölzen und Stauden für trockene Standorte
positive Wechselwirkung mit: Gehölzen und Stauden in frischen, feuchten sonnigen bis halbschattigen Beeten

Pflanzenname: Kolkwitzia amabilis, Kolkwitzie	
Familie: Caprifoliaceae	
Standort: sonnig - halbschattig	
Nährstoffgehalt / pH-Bereich: keine besonderen Ansprüche, vertragen auch leicht alkalische Substrate	
Blüte, Blatt, Wurzel: Blüte: rosa-weiß in endständigen Doldentrauben, Einzelblüten glockenförmig, bis 1,5 cm lang, zarter süßlicher Duft, Blütezeit: Ende Mai - Ende Juni; Blatt: sommergrün, gegenständig, breit eiförmig, lang zugespitzt; Herbstfärbung: bräunlich, 3-7 cm lang, oben stumpfgrün, unterseits hellgrün	
Wuchs: aufrecht wachsender, dicht aufgebauter Strauch, später locker ausgebreitet, mit elegant überhängenden Zweigpartien, 2- 3 m hoch und breit	
Besonderes: werden sehr stark von Bienen und Hummeln beflogen	
Konkurrenzstärke: ++	
negative Wechselwirkung mit: Schattenstauden und Gehölzen für tiefen Schatten	
positive Wechselwirkung mit: Stauden und Gehölzen für Sonne bis Halbschatten auf nicht zu nahrhaften Böden (schlechter Blütenansatz)	

Pflanzenname: Prunus laurocerasus ‚Immergrüne Lorbeerkirsche
Familie: Rosaceae
Standort: sonnig - schattig, hitzeverträglich
Nährstoffgehalt / pH-Bereich: mäßig trocken bis feucht; auf allen einigermaßen nährstoffreichen und nicht zu schweren Gartenböden, schwach sauer bis alkalisch
Blüte, Blatt, Wurzel: Blüte: weiße, aufrechte Trauben, Mai - Juni, strenger Geruch; im Herbst gelegentlich Nachblüte; Blatt: immergrün, dick ledrig, schmal bis breit elliptisch
Wuchs: Normal - Großstrauch, 2- 4 m hoch und breit; halbrund mit aufstrebenden oder ausgebreiteten Zweigen, langsamwüchsig
Besonderes: bedingt frosthart; in milden Bereichen unersetzliche, immergrüne Sträucher; in kälteren Lagen alle Sorten frostgefährdet
Konkurrenzstärke: ++
negative Wechselwirkung mit: schwachwüchsigen Bodendeckern und Kleingehölzen
positive Wechselwirkung mit: starkwüchsigen, toleranten Sträuchern und Kleingehölzen, gut als Hecke und Sichtschutz

Pflanzenname: Rhododendron spec. , Alpenrose	
Familie: Ericaceae	
Standort: absonniger Standort im lichten Schatten von Bäumen; gemäßigte Klimate mit hoher relativer Luftfeuchte, möglichst Schutz vor austrocknenden Winden und winterlicher Kälte, am besten lichtschattige oder zeitweise sonnige Standorte	
Nährstoffgehalt / pH-Bereich: lockerer, humoser und wasserdurchlässiger Boden; keine verdichteten oder verkrusteten Böden; Luftmangel und stauende Nässe fördern Pilzerkrankungen; bevorzugt sandig kiesige - humose oder auch lehmig- humose Böden, säureliebend, optimaler ph zwischen 4,5 - 5,5, regelmäßiges Einarbeiten von saurem Humus oder sauer wirkender Dünger	
Blüte, Blatt, Wurzel: Blätter: immergrüne Rhododendren, sommergrüne Azaleen, japanische Azaleen und wintergrüne Rhododendren; die immergrünen Blätter leben meist 2 - 5 Jahre, sie sind häufig glänzend - dunkelgrün gefärbt, dick ledrig und leicht gewölbt; Wurzel: alle Rhododendren sind Flachwurzler mit oberflächennah verlaufenden Feinwurzeln.	
Wuchs: die Wuchseigenschaften sind abhängig von den Ausgangsarten und prägen das charakteristische Erscheinungsbild der jeweiligen Gruppe.	
Besonderes: auf Böden mit hohen pH-Werten (5,5 - 7,5) eignen sich auch die Inkarho-Rhododendren	
Konkurrenzstärke: ++	
negative Wechselwirkung mit: Gehölzen in sonnigen Lagen und luftfeuchtigkeitsarmen Gebieten	
positive Wechselwirkung mit: Schattenstauden und Gehölzen auf feuchten, sauren Böden; auch als Hecke und Abgrenzung / Kulisse	

Pflanzenname: Rosa, Kletterrose	
Familie: Rosaceae	
Standort: sonnig, halbschattig (sortenabhängig)	
Nährstoffgehalt / pH-Bereich: nährstoffreich, neutral - mäßig sauer	
Blüte, Blatt, Wurzel: Blüte: Farbe nach Sorte, einfache - gefüllte Blüten, einmal- mehrmals blühend; Blatt/Triebe: sommergrün, wechselständig, unpaarig gefiedert, elliptisch-länglich, 7-9, oben stark glänzend; bilden lange Klettertriebe, Haltegerüst	
Wuchs: je nach Wuchshöhe 100 - 200 cm, kletternd	
Besonderes: Bepflanzung von Pergolen, Lauben, Hauswänden, Böschungen und Bäumen (Rambler-Rosen)	
Konkurrenzstärke: ++	
negative Wechselwirkung mit: schwachwüchsigen Kletterern und Stauden, Kleingehölzen für nasse Böden	
positive Wechselwirkung mit: gleichstarken Rankern und Kletterern und Stauden als Begleitung für nährstoffreiche, mäßig saure Böden	

Pflanzenname: Rosa, Wildrosen	
Familie: Rosaceae	
Standort: sonnig - halbschattig, wärmeliebend	
Nährstoffgehalt / pH-Bereich: trocken - feucht, schwach sauer bis alkalisch, nährstoffreiche, humose Lehm - oder Tonböden	
Blüte, Blatt, Wurzel: Blüte: rosa, weiß, schalenförmig, Juni / Juli; Blatt: 5-7 fiedrig, eiförmige Blättchen, mittelgrün, lange haftend; Wurzel: intensives Wurzelsystem, zahlreiche Ausläufer	
Wuchs: mittelgroße Sträucher, Jungtriebe anfänglich straff aufrecht, später sich immer stärker bogenförmig neigend. Nur an den Bogentrieben bilden sich die blütentragenden Seitenzweige, diese sind besetzt mit zahllosen ungefüllten Schalenblüten; ab Juni meist süß oder fruchtig duftend	
Besonderes: meist frosthart, vitale, robuste Sträucher, dank der Stacheln undurchdringlich, Vogelnährgehölz	
Konkurrenzstärke: ++	
negative Wechselwirkung mit: schwachwüchsigen Stauden und Kleingehölzen für nahrhafte Böden	
positive Wechselwirkung mit: allen starkwüchsigen Sträuchern und Kleingehölzen, sowie Gräsern für mageren Boden und Ruderalflächen	

Pflanzenname: Syringa vulgaris, Gewöhnlicher Flieder	
Familie: Oleaceae	
Standort: vollsonnige bis halbschattige Felshänge, Gebüsche, lichte Wälder und Waldränder	
Nährstoffgehalt / pH-Bereich: schwach saure bis kalkreiche, steinige Böden	
Blüte, Blatt, Wurzel: Blätter: Laubblätter gegenständig, derb, Blattstiel 1,5 - 2,5 cm lang, Spreite herzförmig bis oval, 8 - 10 cm lang; Blüten: in 15 - 20 cm langen, reichblütigen Rispen, Blütenhüllen 4-zählig, Blütezeit April/Mai, Kelch sehr klein, unscheinbar, Krone blauviolett mit enger 1 - 1,5 cm langer Röhre und 4 ausgebreiteten, 4 - 5 mm langen, abgerundeten Zipfeln	
Wuchs: 3 - 4 m hoch, breitbuschig und sehr locker aufrechter, höherer Strauch mit bogig überhängender, dünntriebiger Bezweigung	
Besonderes: Der Gemeine Flieder ist um 1560 wie die Roßkastanie durch den Gesandten Busbecq von Konstantinopel nach Wien gebracht worden und hat sich rasch in ganz Mitteleuropa ausgebreitet. Nur langrüsselige Insekten, Hautflügler und Schmetterlinge können die Blüten bestäuben.	
Konkurrenzstärke: ++	
negative Wechselwirkung mit: Koniferen und stark wachsenden Gehölzen auf nährstoffreichen Böden	
positive Wechselwirkung mit: allen wärmeliebenden Sträuchern für kalkhaltige Böden, die Wurzeldruck ertragen können	

Pflanzenname: Viburnum bodnantense, Schneeball	
Familie: Adoxaceae	
Standort: sonnig - absonnig, geschützt	
Nährstoffgehalt / pH-Bereich: mäßig trockene bis frische, kultivierte Gartenböden; sauer - schwach alkalisch, allgemein ein mehr frischer als trockener Boden bevorzugt; anpassungsfähig an Boden und pH-Wert	
Blüte, Blatt, Wurzel: Blüte: Knospen tief rosa, aufgeblüht weißlich rosa, in endständigen Rispen, sehr früh, oft schon im November; Hauptblüte im März / April; sehr stark duftend, Blätter: sommergrün, gegenständig, länglich elliptisch oder lanzettlich, 6,5 - 9 cm lang und 3-4 cm breit, Herbstfärbung rot	
Wuchs: mittelhoher, dichtbuschiger Strauch, Grundtriebe zunächst straff aufrecht, sparrig verzweigt, später breit auseinanderstrebend, bis 2,50 m hoch und breit	
Besonderes: frosthart, wärmeliebend, schwache Ausläuferbildung	
Konkurrenzstärke: +	
negative Wechselwirkung mit: Gehölzen und bodendeckenden Stauden auf sehr trockenen Böden	
positive Wechselwirkung mit: Gehölzen und Stauden in sonnigen bis absonnigen Bereichen, besser frische als zu trockene Standorte; Solitärgehölz im Staudenbeet plus Unterwuchs	

Pflanzenname: Viburnum opulus, Gewöhnlicher Schneeball	
Familie: Adoxaceae	
Standort: sonnig - halbschattig, empfindlich gegen Hitze plus Trockenheit	
Nährstoffgehalt / pH-Bereich: frisch - nass, bevorzugt nährstoffreiche, tiefgründige, schwere Böden, neutral bis stark alkalisch	
Blüte, Blatt, Wurzel: Blüte: nach dem Laubaustrieb zahlreiche tellerförmige Trugdolden, blendendweiß, außen ein Kranz steriler Randblüten, innen kleine creme- oder rosaweiße fruchtbildende Blüten, Mai - Juni; Blatt: drei - fünflappig, ahornähnlich, frischgrün, ab Oktober orangerot, prächtige Herbstfärbung; Wurzel: flach und weitstreichend, ausläuferbildend, unempfindlich gegen Überflutung und Verdichtung	
Wuchs: breitaufrechter Großstrauch, 2- 4 m hoch und breit; Zweige waagerecht bis bogig übergeneigt, mittel - starkwachsend	
Besonderes: frosthart, windfest	
Konkurrenzstärke: ++	
negative Wechselwirkung mit: Gehölzen auf trockenen, sauren Böden	
positive Wechselwirkung mit: allen Vogelnährgehölzen auf feuchten Böden, hohe Regenerationskraft, gleichstarke konkurrenzstarke Gehölze	

Pflanzenname: Viburnum Pragense, Prager Schneeball	
Familie: Adoxaceae	
Standort: sonnig - halbschattig, geschützt	
Nährstoffgehalt / pH-Bereich: nicht sehr anspruchsvoll, auf allen mäßig trockenen bis frischen, feuchten, mäßig nährstoffreichen Böden, sauer bis stark alkalisch	
Blüte, Blatt, Wurzel: Blüte: in der Knospe rosa, aufgeblüht cremeweiß, in flachen Schirmrispen; Mai / Juni ; Blätter: immergrün, gegenständig, elliptisch, 7 bis 11,5 cm lang und 2 bis 3,5 cm breit ; oberseits dunkelgrün, stark glänzend und runzlig; unterseits weißlichgrün; filzig behaart	
Wuchs: mittelhoher Strauch, etwas unregelmäßig, locker und breitbuschig aufrecht, Haupttriebe straff bis schräg aufsteigend, Seitenzweige sparrig nach außen abstehend, bis 2,50 m hoch und breit	
Besonderes: frosthart	
Konkurrenzstärke: ++	
negative Wechselwirkung mit: schwachwüchsigen Kleingehölzen und schwachwüchsigen Stauden	
positive Wechselwirkung mit: gleichstarken Gehölzen für Sonne bis Halbschatten und mäßig nährstoffreichen Boden	

Pflanzenname: Weigela florida, Weigelie	
Familie: Diervillaceae	
Standort: sonnig - absonnig	
Nährstoffgehalt / pH-Bereich: toleriert alle Gartenböden, bevorzugt frische - feuchte, nährstoffreiche und durchlässige Substrate, sauer, schwach alkalisch	
Blüte, Blatt, Wurzel: Blüte: trichterförmig glockige Trugdolden, Ende Mai - Juni, reich blühend; Blatt: elliptisch, hellgrün, langhaftend, ab November unscheinbare Herbstfärbung	
Wuchs: Normalstrauch, Höhe je nach Sorte, vieltriebig, aber wenig verzweigt, aufstrebend bis bogig überhängend, starkwüchsig	
Besonderes: frosthart, windfest, Auslichtungsschnitt nach der Blüte Ende Juni	
Konkurrenzstärke: ++	
negative Wechselwirkung mit: Stauden und sehr starkwüchsigen Gehölzen für trockene, sehr nährstoffarme Böden	
positive Wechselwirkung mit: Stauden und Gehölzen für leicht feuchte, mäßig nährstoffreichen Boden; gut als Mitglied in einer Blütenhecke mit gleichstarken Gehölzen in sonniger bis halbschattiger Lage	

Geeignete Pflanzenkombinationen anhand von Planbeispielen

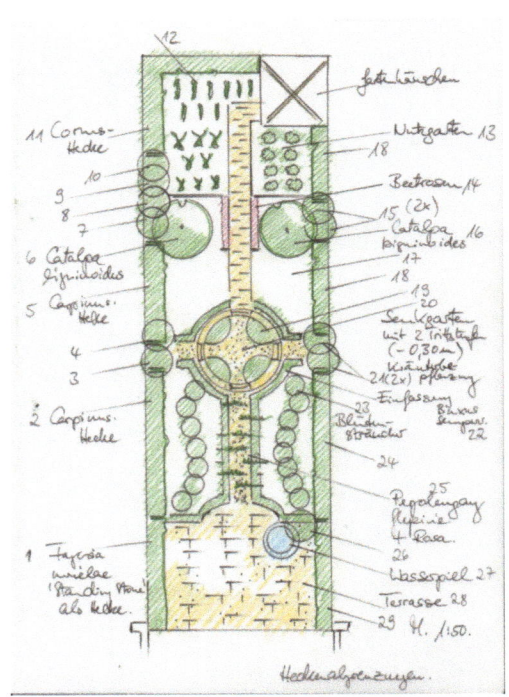

Planbeispiele	Seite
Formaler Garten mit Heckenbegrenzung	82-83
Holzloggia	84-85
Kiesgarten	86-87
Kräutergarten	88-89
Nutzgarten	90-91
Randbepflanzung	92-93
Teichbepflanzung, Sonne	94-95
Vorgarten	96-97
Waldgarten	98-99

Formaler Garten mit Heckenbegrenzung

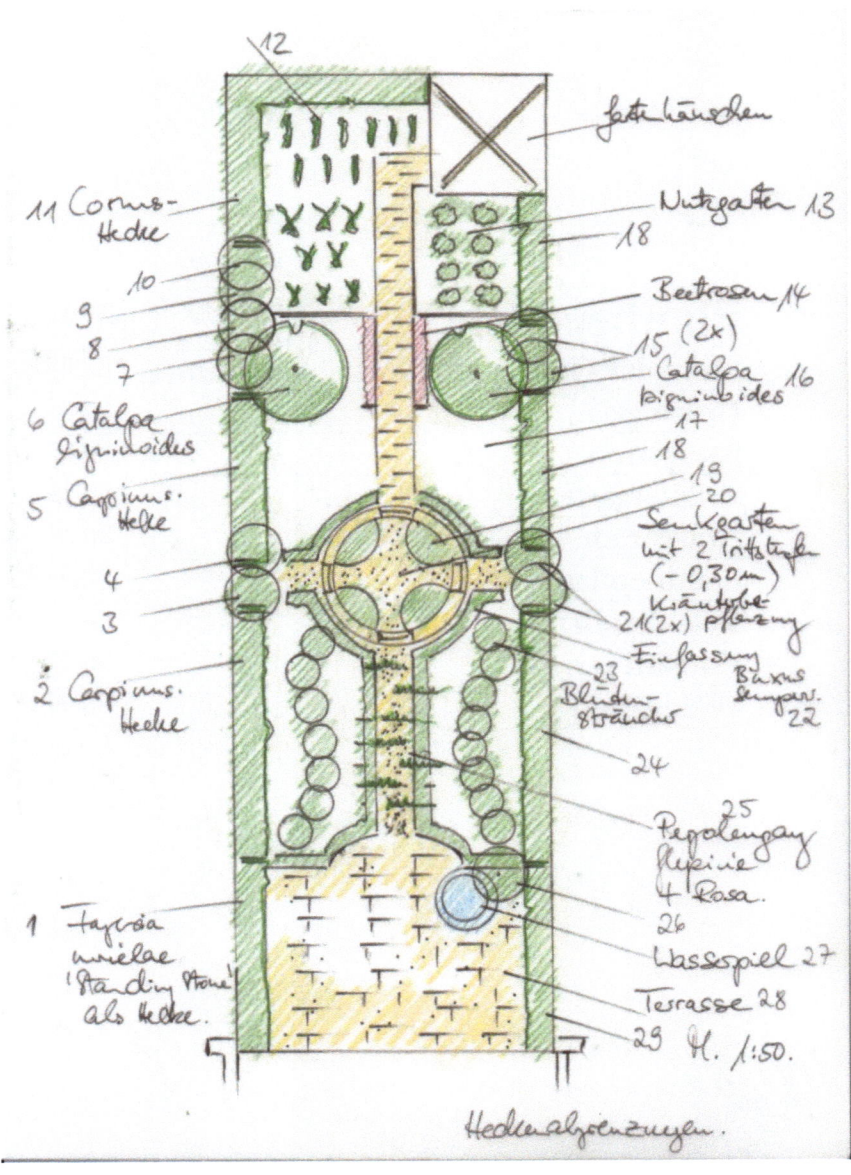

1	Fargesia murielae `Standing Stone`
2	Carpinus betulus Hecke
3	Paeonia suffruticosa `Jeanne d`Arc`
4	Paeonia suffruticosa `Reine Elisabeth`
5	Carpinus betulus Hecke
6	Catalpa bignonioides
7	Deutzia `Mont Rose`
8	Deutzia `Mont Rose`
9	Spiraea x vanhouttei
10	Hamamelis japonica
11	Cornus Hecke
12	Nutzgarten
13	Nutzgarten
14	Beetrosen: `Sweet Haze`oder `Mary Rose`
15	2x Deutzia `Mont Rose`
16	Catalpa bignonioides
17	Rasen
18	Carpinus betulus Hecke
19	Buxus sempervirens, Halbkugeln geschnitten
20	Senkgarten: Kies mit Thymus serpyllum `Coccineus`
21	2x Paeonia suffruticosa: 1 `Hana Daijin`, 1 `Godaishu`
22	Einfassung: Buxus sempervirens
23	Iris sibirica Èlfe`
24	Carpinus betulus Hecke
25	Pergolengang: Glyzinie + Rosa `Sommerwind`
26	Viburnum bodnantense `Dawn`
27	Wasserspiel
28	Terrasse
29	Fargesia murielae `Standing Stone` Hecke

Holzloggia

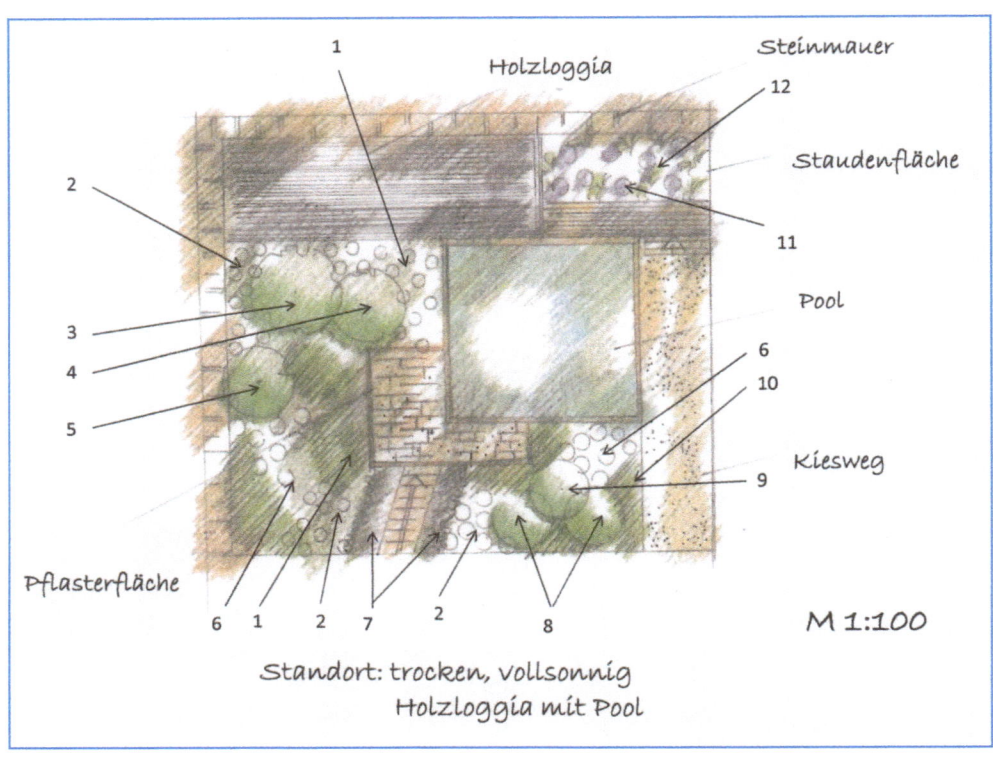

1	Thymus vulgaris `Compactus`
2	Salvia officinalis
3	Pyrus salicifolia
4	Buxus sempervirens arb.
5	Euonymus alatus `Compactus`
6	Alchemilla mollis
7	Lavandula angustifolia
8	Fargesia murielae `Simba`
9	Buddleia `Nanho Purple`
10	Epimedium perralchicum
11	Allium giganteum
12	Iris germanica

Kiesgarten

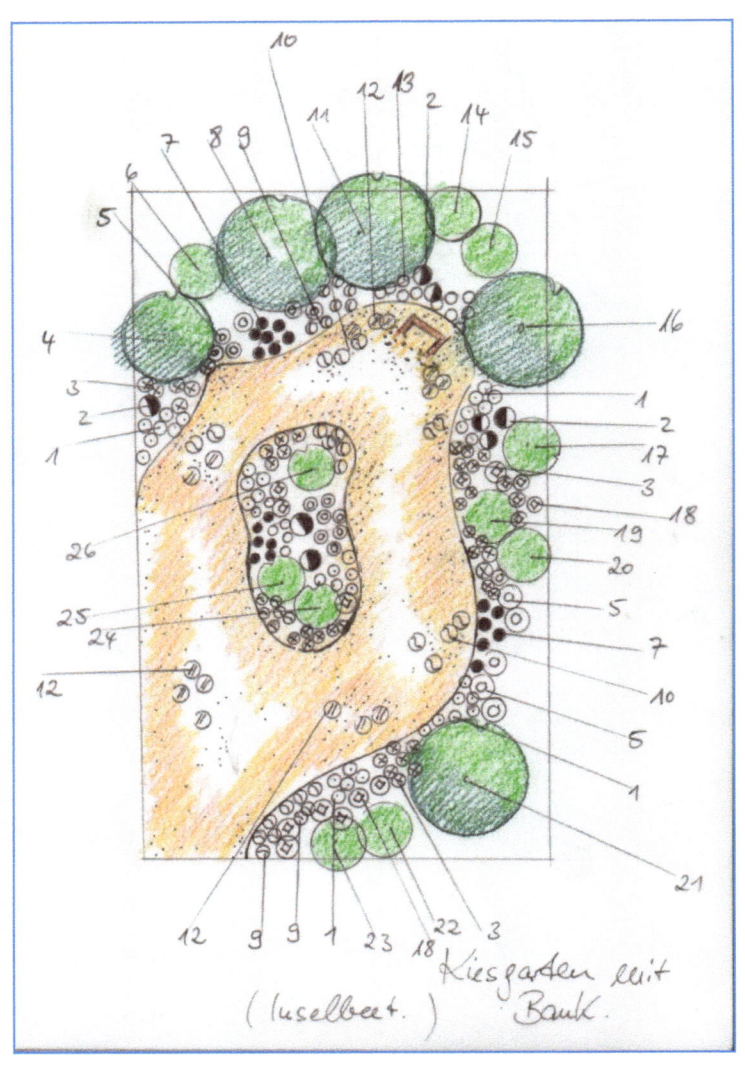

1	Alchemilla epipsila
2	Euphorbia griffithii `Fire glow`
3	Stachys grandiflora
4	Deutzia x magnifica
5	Sedum telephium `Matrona`
6	Weigela `Pink Poppet`
7	Nepeta x faassenii `Six Hills Giant`
8	Crataegus crus-galli
9	Stachys byzantina
10	Thymus serpyllum `Coccineus`
11	Crataegus crus-galli
12	Sedum floriferum `Weihenstephaner Gold`
13	Aster pyrenaeus `Lutetia`
14	Prunus laurocerasus `Mount Vernon`
15	Prunus laurocerasus `Mount Vernon`
16	Pyrus salicifolia
17	Buddleia x davidii `Blue Chip`
18	Aster linosyris
19	Perovskia abrotanoides
20	Perovskia abrotanoides
21	Cotinus coggygria `Smokey Joe`
22	Cytisus x beanii
23	Cytisus x beanii
24	Buxus sempervirens arb. Kugel
25	Buxus sempervirens arb. Kugel
26	Hibiscus syriacus `Red Heart`

Kräutergarten

1	Rosa centifolia
2	Santolina chamaecyparissus
3	Levisticum officinale
4	Lavandula x intermedia
5	Rosenbogen mit Rosa `Constance Spry`
6	Chamaemelum nobile
7	Lavandula `Treneague`
8	Foeniculum vulgare `Purpureum`
9	Santolina chamaecyparissus
10	Syringa swegiflexa
11	Syringa chinensis
12	Salvia officinalis `Purpurascens`
13	Lavandula angustifolia `Hidcote`
14	Hypericum perforatum
15	Monarda didyma
16	Hyssopus officinalis
17	Caryopteris x clandonensis
18	Deutzia x rosea
19	Philadelphus `Virginal`
20	Rosmarinus officinalis
21	Melissa officinalis `Àurea`
22	Rosa carolina
23	Rosa pimpinellifolia
24	Rosa glauca
25	Artemisia pontica
26	Santolina chamaecyparissus
27	Tanacetum balsamita var. tomentosum
28	Echinacea angustifolia
29	Tropaeolum majus

Nutzgarten

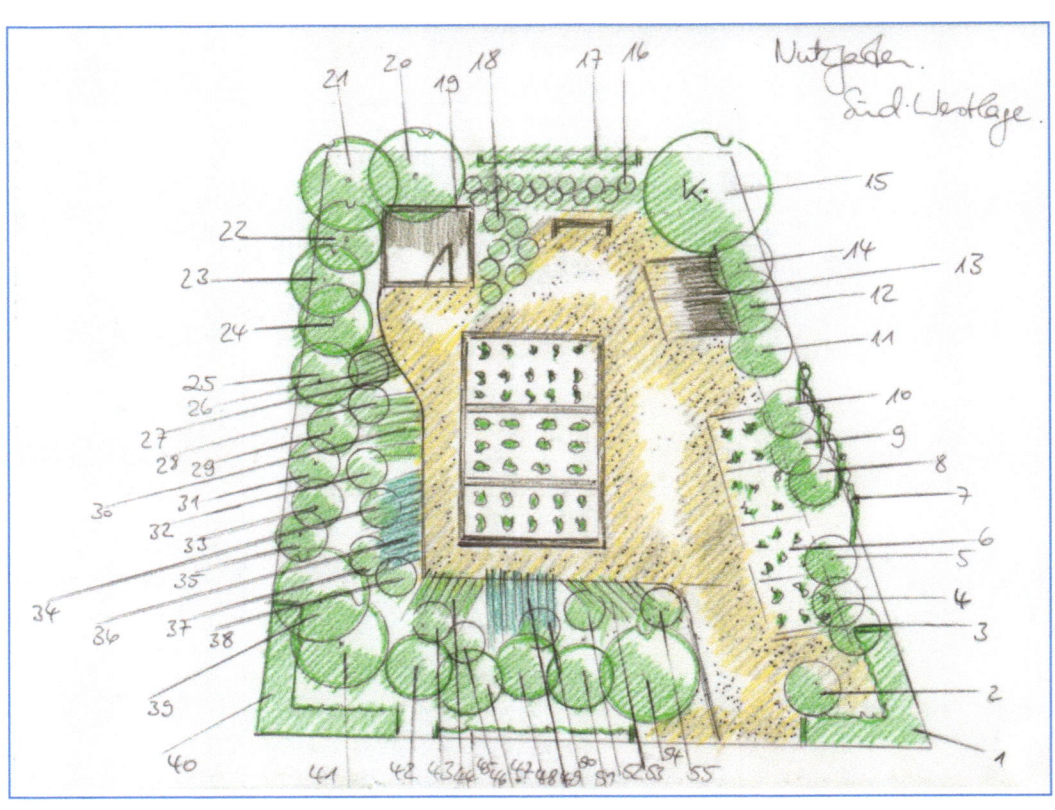

#		#	
1	Hecke: Carpinus betulus	32	Foeniculum vulgare
2	Buddleia x davidii `Nanho Blue`	33	Philadelphus `Erectus`
3	Rosa nitida	34	Levisticum officinale
4	Rosa nitida	35	Hibiscus syriacus `Red Heart`
5	Rosa nitida	36	Cosmeen
6	Nutzpflanzen im Beet	37	Rosa `Leonardo da Vinci`
7	Clematis viticella und Rubus-Sorten	38	Rosa `Leonardo da Vinci`
8	Ligustrum ovalifolium	39	Malus Mittelstamm
9	Prunus spinosa	40	Hecke: Carpinus betulus
10	Kerria japonica	41	Malus Mittelstamm
11	Rosa pimpinellifolia	42	Philadelphus `Virginal`
12	Rosa carolina	43	Delphinium - Hybride `Völkerfrieden`
13	Frühbeetkasten	44	Geranium endressii
14	Rosa glauca	45	Ribes - und Rubus -Sorten / Spalier
15	Pyrus salicifolia + Kompost	46	Phlox- Paniculata- Hybride `Düsterlohe`
16	Alcea rosea, Monarda didyma, Solidago-Hybriden,	47	Ribes sanguineum
17	Hecke: Cornus sanguinea	48	Spiraea x vanhouttei
18	Beetrosen: R. Meidiland, Rosa Fairy, Sommerwind	49	Geranium cantabrigiense `Biokovo`
19	Schuppen	50	Rosa `Cubana `
20	Sambucus nigra	51	Kolkwitzia x amabilis
21	Syringa vulgaris `Charles Joly`	52	Caryopteris x clandonensis
22	Cornus alba `Sibirica`	53	Physalis alkekengi - Hybride
23	Corylus avellana	54	Malus `Èvereste`
24	Cotinus `Smokey Joe`	55	Perovskia abrotanoides
25	Viburnum opulus	52	Caryopteris x clandonensis
26	Lavandula angustifolia	53	Physalis alkekengi - Hybride
27	Deutzia gracilis	54	Malus `Èvereste`
28	Deutzia gracilis	55	Perovskia abrotanoides
29	Prunus spinosa	53	Physalis alkekengi - Hybride
30	Calendula officinalis	54	Malus `Èvereste`
31	Deutzia x rosea	55	Perovskia abrotanoides
		55	Perovskia abrotanoides

Randbepflanzung

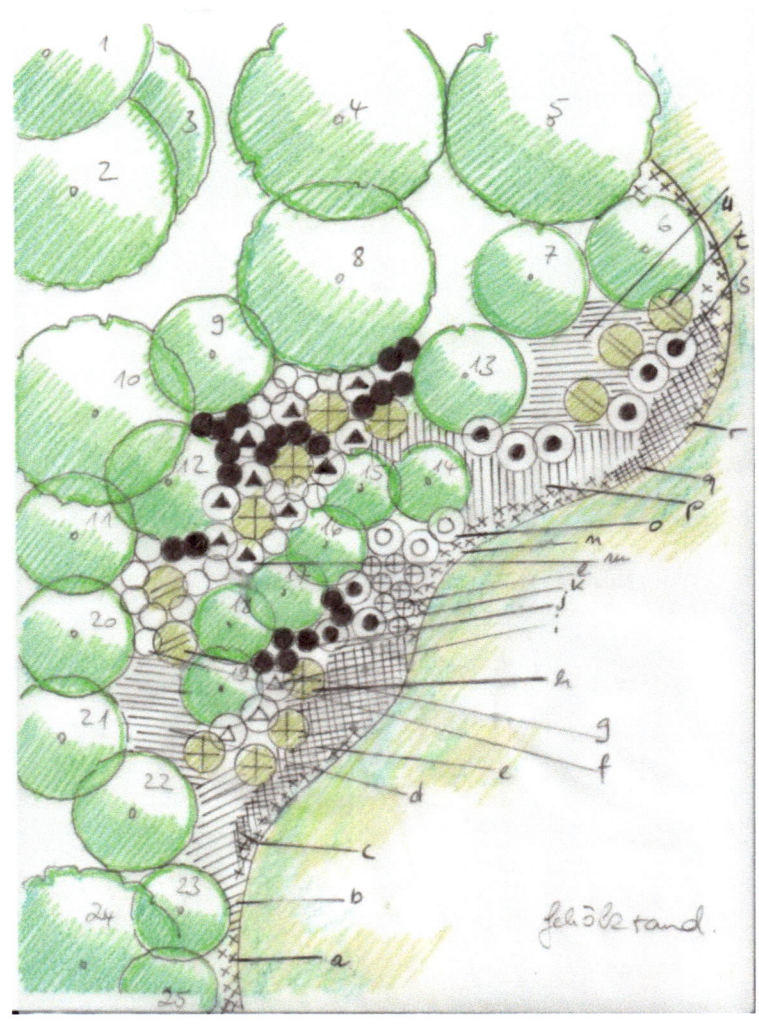

Gehölzrandbepflanzung, Stauden

a	Geranium endressii	1	Taxus baccata `Fastigiata Robusta`
b	Epimedium versicolor	2	Viburnum carlcephalum
c	Iris Barbata-Elatior-Hybriden	3	Taxus baccata `Fastigiata Robusta`
d	Macleya cordata	4	Viburnum lantana
e	Acanthus hungaricus	5	Tilia cordata `Greenspire`
f	Matheucia struthiopteris	6	Cotinus coggygria Royal Purple`
g	Deschampsia caespitosa	7	Prunus laurocerasus `Diana`
h	Molinia caerulea `Dauerstrahl`	8	Tilia cordata `Greenspire`
i	Allium sphaerocephalum	9	Prunus laurocerasus
j	Anemone tomentosa `Robustissima`	10	Acer ginnala
k	Aconitum napellus	11	Cornus stolonifera `Flaviramea`
l	Polystichum setiferum	12	Euonymus alatus
m	Aruncus dioicus	13	Euonymus planipes
n	Bergenia cordifolia	14	Rhododendron `Diamant`, purpur
o	Fuchsia magellanica	15	Pieris japonica `Forest Flame
p	Aster laevis	16	Hydrangea paniculata `Limelight`
q	Alchemilla mollis	17	Buxus sempervirens arb. freiwachsend
r	Geranium cantabrigiense `Biokovo`	18	Hydrangea quercifolia
s	Achillea Filipendulina-Hybriden `Coronation Gold`	19	Buxus sempervirens arb. freiwachsend
t	Stipa pennata	20	Deutzia scabra `Plena`
u=d	Macleya cordata	21	Viburnum `Pragense`
		22	Ligustrum vulgare
		23	Buxus sempervirens
		24	Crataegus crus-galli
		25	Weigela florida

Teichbepflanzung, Sonne

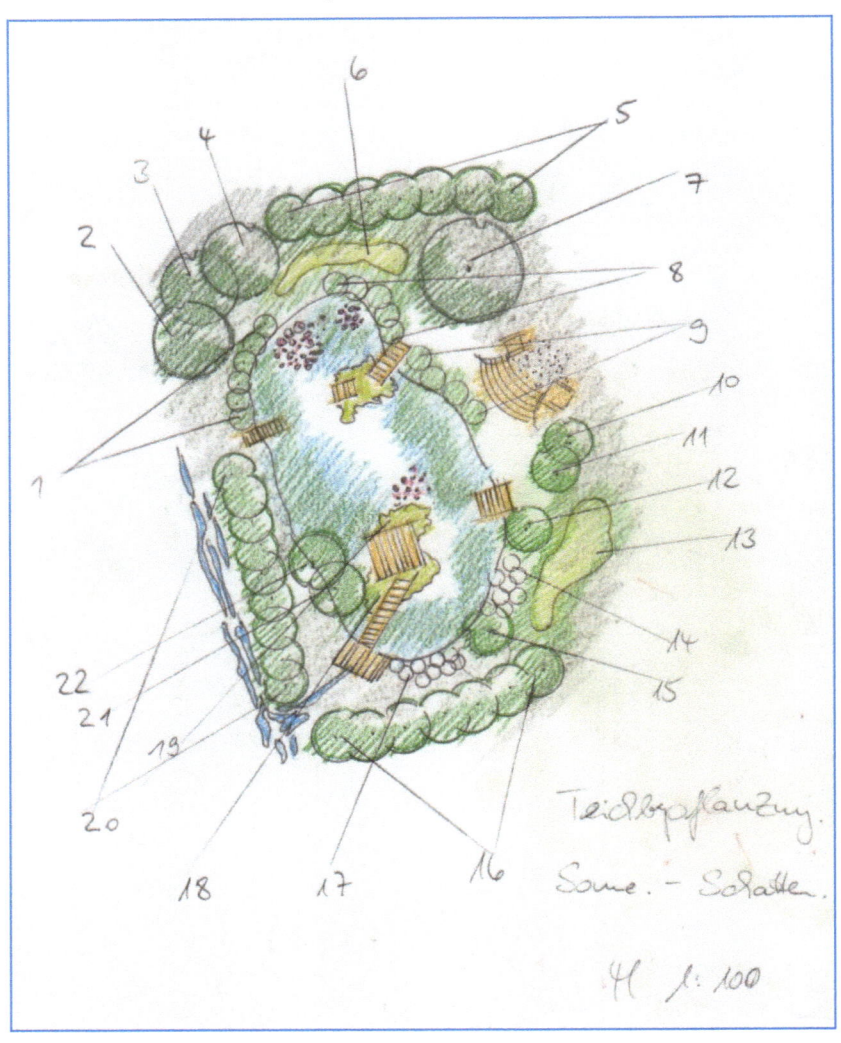

1	Eupatorium rugosum
2	Tilia cordata `Greenspire`
3	Tilia cordata `Greenspire`
4	Carpinus betulus `Frans Fontaine´
5	Blütensträucher: 2x Philadelphus `Virginal, 2x Syringa reflexa, 3x Spiraea x cinerea
6	Panicum virgatum `Hänse Herms`
7	Cornus kousa `Satomi`
8	Filipendula ulmaria
9	Polygonum bistorta
10	Rosa glauca
11	Rosa multiflora
12	Acer shirasawanum `Aureum`
13	Syringa chinensis 3x oder kleine Raseninsel
14	Geranium pratense `Mrs Kendall Clark`
15	Euonymmus alatus
16	Lonicera tatarica, lockere Hecke
17	Iris sibirica + Eriophorum vaginatum
18	Sparganium erectum + Polygonum amphibium oder Cornus sanguinea
19	Nuphar lutea, Stratiotes aloides
20	Carpinus betulus , Hecke
21	Fargesia murielae `Simba`
22	Pseudosasa japonica

Vorgarten

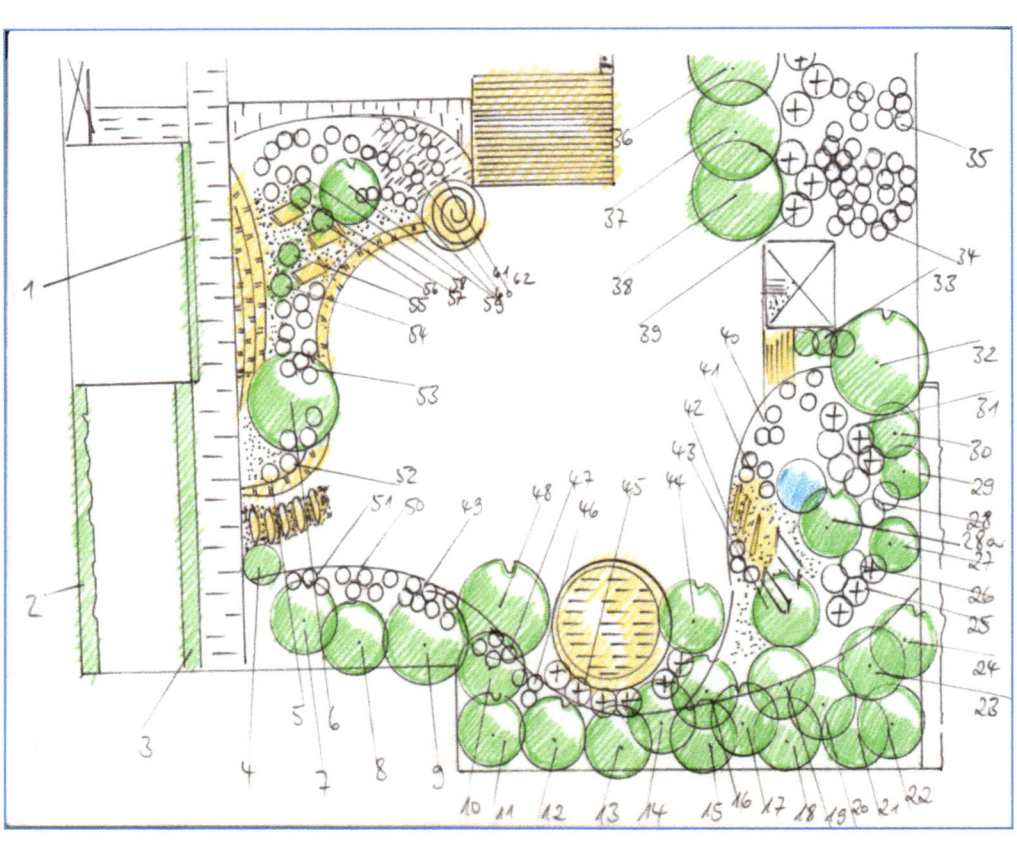

1	Geranium x cantabrigiense `Biokovo`	31	Stipa pulcherrima
2	Hecke: Ligustrum ovalifolium	32	Malus `Brandy Magic`
3	Epimedium `Frohnleiten`	33	Clematis viticella
4	Hibiscus syriacus `Òiseau Bleu`	34	Aster ericoides `Èrlkönig`
5	Helleborus orientalis -Hybride 2x	35	Iris sibirica `My Love`
6	Carpinus betulus `Fastigiata`	36	Rosa arvensis
7	Syringa chinensis	37	Rosa carolina
8	Deutzia x magnifica	38	Rosa multiflora
9	Fargesia murielae `Standing Stone`	39	Panicum virgatum `Hänse Herms`
10	Cotinus coggygria `Smokey Joe`	40	Lavandula angustifolia `Munstead Blue`
11	Euonymus planipes	41	Coreopsis verticillata `Moon Beam`
12	Weigela florida	42	Stachys byzantina
13	Prunus laurocerasus `Diana`	43	Cornus kousa `Satomi`
14	Prunus laurocerasus `Diana`	44	Paeonia suffruticosa `Hana Kisoi`
15	Prunus laurocerasus `Diana`	45	Miscanthus sinensis `Gracillimus`
16	Deutzia x rosea	46	Geranium renardii
17	Forsythia x intermedia	47	Hosta `Sum and Substance`
18	Syringa vulgaris `Michel Buchner`	48	Prunus serrulata `Pink Perfection`
19	Kolkwitzia x amabilis	50	Tiarella cordifolia
20	Forsythia x intermedia	51	Buglossoides purpurocaerulea
21	Deutzia `Mont Rose`	52	Helleborus orientalis-Hybride
22	Weigela florida	53	Bergenia cordifolia + Omphalodes verna
23	Buxus sempervirens freiwachsend	54	Buxus sempervirens Kugel
24	Viburnum Pragense	55	Buxus sempervirens Kugel
25	Imperata cylindrica `Rubra`	56	Deutzia gracilis
26	Perovskia abrotanoides	57	Deutzia gracilis
27	Weigela `Pink Poppet`	58	Hakonechloa macra `Àureola`
28	Caryopteris x clandonensis	59	Hamamelis mollis
28a	Buddleia `Red Chip`	60	Epimedium `Frohnleiten`
29	Strauchrose `Pink Meidiland`	61	Cytisus decumbens
30	Strauchrose `Centenaire de Lourdes`	62	Caryopteris x clandonensis `Summer Sorbet`

Waldgarten

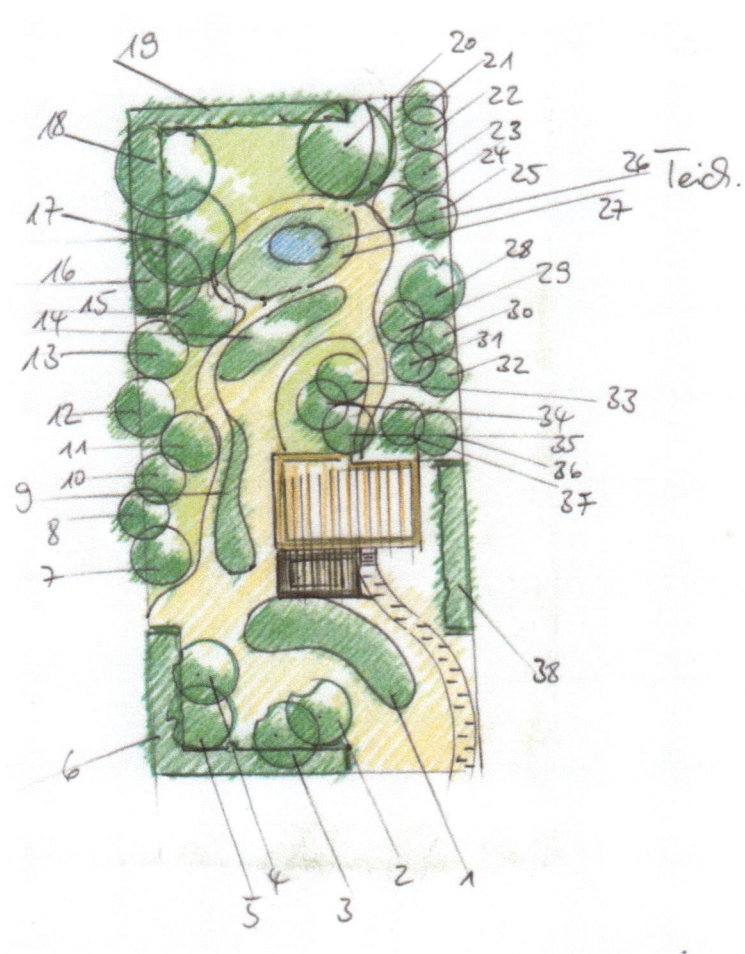

#		#	
1	Pflanzinsel Farne: Matheucia struthiopteris, Polystichum setiferum, Rodgersia sambucifolia	20	Ginkgo biloba
2	Pieris japonica `Forest Flame`	21	Cornus alba
3	Pieris japonica `Forest Flame`	22	Cornus alba
4	Paeonia mlokosewitschii	23	Amelanchier ovalis
5	Paeonia mlokosewitschii	24	Euonymus planipes
6	Hecke: Taxus baccata oder Carpinus betulus	25	Buddleia alternifolia
7	Ilex aquifolium `J.C.van Tol`	26	Teich
8	Deutzia x magnifica	27	Teichbepflanzung:Acorus calamus, Eriophorum angustifolium, Iris pseudacorus
9	Pflanzinsel: Rhododendron Diamant, purpur	28	Viburnum Pragense
10	Fargesia murielae `Simba`	29	Kolkwitzia x amabilis
11	Viburnum plicatum `Mariesii`	30	Kolkwitzia x amabilis
12	Fargesia murielae `Standing Stone`	31	Buxus sempervirens arb. freiwachsend
13	Fargesia murielae `Standing Stone`	32	Laburnum anagyroides
14	Pflanzinsel Gräsergruppe: Deschampsia caespitosa	33	Rhododendron Williamsianum-Hybriden
15	Buxus sempervirens arb. freiwachsend	34	Rhododendron Williamsianum-Hybriden
16	Philadelphus `Virginal`	35	Rhododendron Williamsianum-Hybriden
17	Hydrangea aspera `Macrophylla`	36	Fargesia murielae `Standing Stone´
18	Taxus baccata `Nissens Präsident`	37	Fargesia murielae `Standing Stone`
19	Hecke: Taxus baccata oder Carpinus betulus	38	Hecke: Cornus

Literatur

1. John Brookes, John Brookes`Grosse Gartenschule, Christian-Verlag, 1995,

    ISBN 3-88472-292-1

2. Dr. Ulrich Hecker, Bäume und Sträucher, BLV-Handbuch, 2001, ISBN 3-405-14738-7

3. Peter Mc Hoy & Pamela Westland, Die Kräuter-Bibel, Könemann-Verlag, 1998,

    ISBN 3-8290-0323-4

4. Pflanzenhandel Lorenz v. Ehren, Sortimentskatalog, 4. Auflage, 2014,

    ISBN 978 - 3 - 00 - 046771 - 4

5. Graham Rose, Der romantische Garten, Mosaik- Verlag, 1988,

    ISBN 3-570-04642- 7

Ich bin Kathrin Leineweber, am 04.02.1961
in Hannover geboren.

Nach meinem Studium zur Gartenbau-Ingenieurin folgte eine Ausbildung zur Staudengärtnerin in Unterfranken. Der Sprung in die Selbständigkeit folgte nach 7 Jahren Tätigkeit im Garten- und Landschaftsbau, begleitet von einem Gaststudium für Gartenarchitektur in Erfurt.

Das Feld der Gartenplanung bietet vielfältige Möglichkeiten und Gestaltungsrichtungen. Die passende Idee für ihren Garten zu erarbeiten - darin sehe ich meine Aufgabe. In Beratungsgesprächen vor Ort gebe ich Empfehlungen hinsichtlich Standortbedingungen, Verträglichkeiten der Pflanzen untereinander, Wuchseigenschaften, Düngeempfehlungen und Bodenangaben.